ENFANTS *INDIGO*, UNE NOUVELLE CONSCIENCE PLANÉTAIRE

DU MÊME AUTEUR

ROMANS HISTORIQUES

Isabella (Isabelle d'Este), Robert Laffont, 1984.
Mon cœur a plus d'amour que vous n'avez d'oubli (Laure Junot), Mercure de France, 1987.
La Passagère du désert, Anne Carrière, 2004.

ÉSOTÉRISME

Le Langage secret du tarot (avec Marcel Picard), Sand, 1982.
Connaître et pratiquer le tarot, Nathan, 1996 ; J'ai lu, 2004.
Voyances remarquables, Robert Laffont, 1990 ; Marco Pietteur, 2003.
Au seuil de l'étrange, Pygmalion, 1994.
Phénomènes étranges du surnaturel, Grancher, 2001.
Le Tarot pratique, Marco Pietteur, 2002.
Les Arts divinatoires, Marco Pietteur, 2002.
Le Réveil de la conscience (avec Jacqueline Bousquet), Guy Trédaniel, 2003.

ESSAIS SUR LA SANTÉ

Le Don de guérir, Philippe Lebaud, 1996.
La Dictature médico-scientifique, Filipacchi, 1997.
Vaccination, l'overdose, Déjà, 1999.
Faut-il avoir peur des vaccinations ? (ouvrage collectif), Déjà, 2000.
Vaccin hépatite B, Les coulisses d'un scandale (avec le Dr Marc Vercoutère), Marco Pietteur, 2002.
Exercice illégal de la guérison, Marco Pietteur, 2002.

SYLVIE SIMON

ENFANTS *INDIGO*, UNE NOUVELLE CONSCIENCE PLANÉTAIRE

Préface
Stéphane Audran

ÉDITIONS DU
ROCHER
Jean-Paul Bertrand

ISBN 2 268 0576 9

Tu peux donner à tes enfants ton amour,
Mais non tes idées.
Tu peux enfanter leur corps,
Mais non leur âme.
Tu peux essayer de devenir comme eux,
Mais tu ne peux pas exiger qu'ils deviennent comme toi,
Car la vie est projection en avant,
Mais non retour vers le passé.

Texte tibétain.

PRÉFACE
de Stéphane Audran

Lire ce livre est une priorité, comme pour la plupart des livres écrits par Sylvie Simon.

Il est un avertissement sans frais pour nous aider à nous sortir de notre léthargie suicidaire.

L'élémentaire bon sens nous pousse à réfléchir sur l'état de la Terre et par voie de conséquence sur l'état de ses enfants. Nous sommes parfaitement désinformés, « coupés de nos racines, baignant dans la pollution, chimique et électromagnétique, interconnectés dans un réseau d'informations et de surveillance »…

Sylvie Simon nous immerge dans le monde des enfants « indigo », les enfants du troisième millénaire. Ils nous obligent à réviser entièrement nos systèmes de pensée, à remettre le compteur à zéro. Écoutons-les ! Ils parlent aux étoiles et à ce qu'il y a de précieux en chacun d'entre nous. Ils se disent des « êtres du futur incarnés sur une planète vivant dans le passé ».

Ils sont l'avenir de l'humanité. Les possessions matérielles ne les intéressent pas, la compétition non plus. Ils pourraient dire comme cet aborigène d'Australie : « Ce n'est pas gentil pour celui qui perd. » Prenons soin d'eux et acceptons leur différence. Ils vont bouleverser le monde car ils préfigurent l'humanité de demain.

Ces enfants nous donnent le courage de continuer à croire que nous ne sommes pas seulement des molécules et que le divin n'est pas une sécrétion de la matière grise. Et si, au fond de notre cœur, existait en chacun d'entre nous un petit enfant qui sommeille et dont la voix, étouffée par nos peurs et nos conditionnements, ne parvenait pas à se faire entendre ?

Peut-être, il y a bien longtemps, avons-nous tous été des Indigo, baignant dans l'innocence et le simple bonheur d'exister.

Première partie

LES ENFANTS NE SONT PLUS CE QU'ILS ÉTAIENT

UNE NOUVELLE GÉNÉRATION

« Les problèmes que nous avons à résoudre ne peuvent l'être en restant au même niveau de pensée qui était celui dans lequel ils ont été posés. »

EINSTEIN

De tout temps, il a existé des enfants difficiles, rebelles, en révolte avec le monde des adultes et l'ordre auquel ils se réfèrent, des enfants qui refusent d'obéir, de manger, de dormir, d'autres qui méprisent ouvertement leurs parents et la plupart des adultes. Actuellement, ces « exceptions » sont presque devenues la règle, et nombre de parents consultent des psychiatres pour essayer de comprendre ce qui se passe dans la tête de leurs chers petits.

Cette situation s'est tellement dégradée ces dernières années qu'il existe à présent, en France, trois cent soixante instituts de rééducation pour accueillir les enfants de cinq à douze ans en difficulté. Nombre d'entre eux sont rejetés par l'école car, pour certains, le seul moyen de communication est l'agressivité. Aux États-Unis, ces cas se multiplient de façon considérée comme « inquiétante » par les parents et les éducateurs, et le seul moyen utilisé officiellement pour pallier l'agressivité et l'hyperactivité qui caractérise ces enfants est l'administration de médicaments psychotropes.

Aux États-Unis, la Drug Enforcement Administration a constaté que les ordonnances prescrivant ce genre de médicament ont augmenté de 700 % au cours des dix dernières années. Ainsi, le nombre d'enfants traités aux psychostimulants, poisons prescrits pour améliorer la concentration et la docilité, et calmer l'impulsivité, est passé de 55 % en 1989 – pourcentage déjà alarmant – à 75 % en 1996. Six millions d'enfants américains seraient traités par la Ritaline, une amphétamine dont les effets sont comparables à ceux de la cocaïne. Cette drogue sur ordonnance est tellement dangereuse que l'armée américaine refuse d'enrôler les jeunes qui ont été traités par ce médicament avant l'âge de douze ans.

Pourtant, personne ne peut démontrer que des médicaments comme la Ritaline ou le Prozac améliorent le rendement scolaire des enfants ainsi traités. Leur seul effet « bénéfique » est de permettre une gestion à court terme de l'hyperactivité.

« Nous donnons de la Ritaline aux enfants en partie parce que nous ne pouvons tolérer qu'ils se situent en dessous de la moyenne ou qu'ils ne soient pas au-dessus de la moyenne », déclarent certains parents. Ce genre de propos explique, à lui seul, le comportement agressif de leurs rejetons.

Le fabricant de la Ritaline, la société Novartis Pharma, reconnaît que ses chercheurs ignorent totalement comment fonctionne ce médicament et de quelle manière il agit sur le système nerveux central. D'ailleurs, les « experts » de Novartis sont incapables d'en prévoir les effets à long terme, mais on a récemment découvert qu'il provoque des tumeurs cancéreuses du foie chez les souris de laboratoire.

De toute manière, ce traitement chimique est une arme à double tranchant. Il peut, en effet, permettre à ces enfants hyperactifs de s'intégrer aux normes en cours et de rassurer ainsi les parents, et d'autre part, comme toutes les drogues de ce genre, il génère une certaine euphorie qui permet aux consommateurs d'oublier leur différence et leurs complexes par rapport aux autres. Cependant, en parallèle à ces avantages théoriques, ils détruisent la personnalité, l'intuition, les dons spirituels, les facultés extra-sensorielles de ces enfants et, sans aucun doute, leur santé physique.

Ces drogues ont pour seul avantage de faciliter la vie des parents et des enseignants et non celle des enfants qui risquent, un jour, de payer très cher cette inconscience de leurs familles et des médecins.

Au Canada, malgré ces risques, près d'un million d'enfants sont également traités à la Ritaline, ou avec d'autres drogues similaires, dans le but de contrôler ces comportements auxquels aucune cause médicale n'a jamais pu être associée.

En 1990, en Grande-Bretagne, trois mille enfants étaient soignés par ces toxiques. Aujourd'hui, ils sont trois cent quarante-cinq mille. Certains d'entre eux sont ainsi drogués en toute légalité dès l'âge de dix-huit mois.

Il est évident que tous les enfants de notre époque ne sont pas outre mesure agressifs ou nerveux, mais bon nombre d'entre eux présentent des comportements hors normes et ce pourcentage, sans cesse croissant depuis l'après-guerre, a fortement augmenté depuis la fin des années quatre-vingt.

En majorité, ces nouveaux enfants refusent l'autorité des parents ainsi que toute contrainte extérieure, mais ils obéissent s'ils estiment que l'ordre donné est juste et leur convient. Toutefois, ils ont besoin d'explications et ne se contentent plus du «parce que» lapidaire et sans réplique, reçu par les générations précédentes en réponse à leurs questions. Ils détestent la routine, rejettent également les idées reçues. À l'unanimité, et c'est un fait frappant chez eux, ils ne supportent pas le mensonge qu'ils détectent dès la moindre tentative. Ils exigent toujours la vérité, toute la vérité.

Ils sont opiniâtres, résolus, ignorent la peur, l'esprit de compétition et se moquent de la notion de patrie car, non seulement ils se disent citoyens du monde, mais aussi de l'Univers. Ils sont tout à fait conscients de leur individualité et de leur valeur personnelle et en parlent ouvertement, affichant une grande confiance en eux-mêmes.

Particulièrement créatifs, ils souhaitent innover plutôt que copier, ce qui génère souvent des difficultés scolaires et les fait passer pour des perturbateurs. Lorsqu'ils se sentent incompris, refusant de sortir de leur univers protégé, ils s'enferment aussitôt dans un mutisme qui peut, dans certains cas, les faire assimiler aux enfants autistes qui ne s'extériorisent pas. Dans ces cas, comme ils ne s'expriment pas de façon classique, ils développent d'autres moyens de communication, telle la télépathie. Signalons qu'en Afrique, un enfant qui ne parle pas est considéré comme un messager des dieux.

Dans l'ensemble, ils manifestent ce qu'on appelle en général un déficit d'attention, mais lorsqu'on leur reproche ce comportement, ils répondent que ce sont leurs parents qui ne leur donnent pas l'attention qu'ils réclament.

Admirablement à l'aise avec les technologies modernes, ils les utilisent adroitement alors qu'ils ne savent encore ni lire ni écrire. Parfois ils aident leurs parents en difficulté devant un ordinateur comme s'il s'agissait d'une opération simple, à la portée de tous. Ils sont d'ailleurs extrêmement adroits et débrouillards.

« Je t'en prie, papa, je sais », répondit Nicolas (trois ans) à son père qui essayait de lui expliquer comment marchait un ordinateur.

En général, ils sont plus précoces et éveillés que les enfants de leur âge, marchent et parlent très tôt.

Quelques-uns possèdent des dons qualifiés de paranormaux. Ainsi, en Chine, il y a déjà tellement d'enfants qui sont dotés de pouvoirs psychiques que le gouvernement a nommé des experts pour étudier leurs cas avec soin. De temps à autre, ils décrivent des mondes lointains auxquels la science n'a pas encore accès, ou des civilisations anciennes, connues ou mythiques, comme s'ils en avaient déjà fait partie. En outre, la notion de réincarnation leur est familière et, la plupart du temps, ils évoquent le choix qu'ils ont fait avant de s'incarner sur terre.

Leur vision du monde est bien différente de celle du commun des mortels. Elle est globale, universelle, et va à l'encontre des dogmes religieux, rejoignant ainsi les physiciens qui nous parlent de champs morphiques ou d'hologramme de l'Univers et de l'appartenance de tout au Tout.

D'autres encore font preuve d'une incroyable résistance aux maladies, y compris à la contamination par le VIH. De nombreux enfants nés de mères contaminées par le virus du sida deviennent séronégatifs dès les premières années de leur existence et développent ensuite un système immunitaire bien plus résistant aux maladies que la plupart des adultes bien portants.

Le magazine *Science News* d'avril 1995 signale que des chercheurs de l'école de médecine de UCLA, l'université de Californie à Los Angeles, ont suivi un enfant mâle dont le test a démontré sa séropositivité au virus du sida dix-neuf jours après sa naissance, puis un mois plus tard. Or, à l'âge de quatre ans, ce garçon était devenu séronégatif. Le Dr Yvonne J. Biyson et son équipe ont rapporté ce cas dans le *New Journal of Medicine* du 30 mars 1996. Le virus n'a pas sommeillé dans le corps en attendant l'opportunité de redevenir actif, comme c'est souvent le cas, il a totalement disparu.

D'après les spécialistes, ces enfants, dont certains surdoués, sont déterminés à mener à bien les projets qu'ils entreprennent, ce qui les distingue des hyperactifs qui abandonnent leurs résolutions en cours de route. S'ils subissent des contraintes extérieures, ils peuvent tout tenter pour atteindre leur objectif, aussi bien en se nuisant qu'en nuisant aux autres, car leurs notions du bien et du mal ne sont pas toujours les mêmes que les nôtres.

Lee Carroll, ingénieur en sciences économiques et psychologue, spécialiste de la question, estime que ces adolescents vraiment particuliers lui donnent, lors de leurs rencontres, la conviction qu'elle converse avec des sages incarnés dans de jeunes corps : « Ils sont l'incarnation des contrastes, un mélange amusant de jeunesse capricieuse et de sagesse millénaire. » La plupart des mères font ce genre de constatation, déclarent qu'elles ont l'impression que leur enfant est plus âgé qu'elles et le comparent à un « vieux sage ».

Eux savent bien qu'ils sont différents des autres et se sentent âgés dès leur plus tendre enfance ; ils ont en commun l'impression d'être étrangers à notre planète, tout en étant certains d'avoir un rôle à y jouer et sans pour autant connaître la nature de ce rôle.

« Cela fait déjà cinq ans que je suis sur cette Terre », remarqua tout naturellement Elga, cinq ans, tout en se délectant d'un chocolat le jour de son anniversaire.

L'un de ces enfants, un jeune Argentin nommé Flavio Cabobianco, annonçait à huit ans : « Des enfants d'un nouveau type sont en train de naître. Ce sont des humains différents, bien que rien ne le laisse supposer. Je suis seulement l'un d'eux, un des premiers. L'humanité est en train de changer. La connexion avec le monde spirituel est plus ouverte. Tous les enfants peuvent à présent se maintenir unis à cette source spirituelle, à leur essence. »

À peine âgé de six ans, Flavio avait déjà prévenu ses parents : « Les bébés pleurent parce que vivre sur cette planète est très difficile. Un bébé essaie de s'exprimer par voie télépathique, mais cela ne fonctionne pas parce que tout est beaucoup trop dense ici-bas. Il voit tout, le mauvais et le bon, le vrai et le faux. Sur d'autres planètes, on voit ce que l'on veut. "Voir" est une façon de parler, puisque les yeux physiques n'existent pas : l'être se concentre sur ce qui l'intéresse et il peut s'arrêter quand il le désire. Le nouveau-né est terrorisé par son emprisonnement dans la réalité physique. Il regrette l'unité essentielle d'où il vient, si bien qu'il s'unit rapidement aux personnes qui s'occupent de lui. Il transfère le rapport qu'il avait avec l'Être Suprême à ses parents. Dans le cas où ceux-ci croient seulement au monde matériel, ils vont l'emprisonner chaque fois davantage dans le plan physique. En lui apprenant à parler, ils limitent sa pensée. En grandissant, les enfants vont perdre la connexion avec leur origine. Si les parents sont ouverts, ils vont s'occuper de leurs enfants sans leur imposer leurs propres idées, leur vision du monde. Le cerveau humain est comme un ordinateur, mais ce dernier a une mémoire limitée, reflet du cerveau physique. En revanche, l'esprit est le reflet de l'Esprit Divin qui est infini. »

Il est difficile d'admettre qu'un enfant si jeune soit capable de tenir un pareil langage que nombre de physiciens actuels ne renieraient pas. Pourtant, c'est une réalité, constatée par de nombreux psychologues, et d'autant plus surprenante que l'enfant n'a reçu aucun enseignement particulier sur les sujets dont il parle. Son père, d'origine catholique, est agnostique.

En revanche, sa mère, Alba, a connu une expérience surprenante lorsqu'elle avait neuf ans. Elle vivait alors dans un petit village perdu dans la campagne et ses parents devaient déménager pour s'installer à Buenos Aires. Un jour, à l'heure de la sieste, alors qu'elle se lamentait de quitter cet endroit qu'elle aimait tant, elle eut la vision de ce qu'elle deviendrait plus tard. Elle se vit adulte, avec ses deux fils, et près de celui qui devint son mari et qu'elle reconnut lorsqu'elle le rencontra, des années plus tard. En parlant de ses fils, elle dit : « Ils sont de la même race, de la nouvelle race. »

Dans son ouvrage paru en 1998, *Alien Dawn,* Colin Wilson, chercheur anglais qui a beaucoup enquêté sur les phénomènes étranges dits « paranormaux », signalait que peu de temps avant la mort d'Andrija Puharich – autre spécialiste de ces phénomènes –, il avait été invité à écrire un article sur lui, et lui avait téléphoné aux États-Unis. Quand il lui a demandé sur quoi il travaillait à ce moment-là, Puharich lui a répondu qu'il étudiait les enfants super-normaux. « Vous ne croirez pas le nombre de ces gosses. Ils semblent être au niveau du génie. J'en connais des dizaines, et il y en a probablement des milliers. »

LES *INDIGO* ET LES AUTRES

« Le drame de l'être humain, ce n'est pas sa petitesse ! Son véritable drame, c'est de ne pas reconnaître sa propre puissance intérieure, sa propre divinité intérieure ! »

Nelson MANDELA

Ces enfants sont de plus en plus nombreux, on les rencontre dans tous les pays et toutes les civilisations. On les appelle « enfants *Indigo* », d'après la couleur de leur aura décrite par des voyants. Certains les nomment aussi, « enfants des étoiles », ou « enfants de lumière », ou bien encore « enfants du nouveau millénaire ».

La première personne qui s'est penchée sur ce phénomène est une parapsychologue américaine, Nancy Ann Tappe, qui, depuis des années, étudie les couleurs à travers sa perception de l'aura humaine. Alors qu'elle enseignait au collège expérimental de l'université de San Diego, en Californie, et travaillait avec un psychiatre, le Dr McGreggor, elle a été la première à percevoir l'apparition de cette nouvelle couleur dans l'aura de ses élèves. Elle avait déjà remarqué que la couleur fuchsia avait disparu, que le magenta était devenu rare, et elle détecta pour la première fois une aura *indigo* au début des années 70, mais elle attendit l'année 1980 pour mieux étudier ce phénomène qu'elle appelle la « couleur vitale ». À présent, selon elle, environ 80 % des enfants qui naissent auraient une aura indigo.

Elle pense qu'avant le XVIIIe siècle, les auras violettes étaient pratiquement inexistantes. Le bleu prédominait, ainsi que le marron, le jaune et le vert. Le nombre des auras violettes se serait multiplié peu à peu, tout comme celui des auras indigo à l'heure actuelle. Ainsi, une couleur nouvelle serait introduite environ tous les deux siècles, et la civilisation s'en imprégnerait dès lors. Mais, comme le temps s'accélère, l'indigo progresse à un rythme beaucoup plus rapide que n'importe quelle autre couleur.

Selon Nancy Ann Tappe, les *violet* seraient donc les précurseurs des *Indigo,* mais ils vivraient dans le passé, avec des souvenirs à demi oubliés, alors que les *Indigo* sont futuristes. Ils viennent nous dévoiler nos lendemains et n'ont que faire de jadis.

La lumière se perçoit sous forme de couleurs et plus cette lumière vibre rapidement, plus elle tend vers les couleurs froides. La couleur indigo est celle du ciel pendant les nuits d'été, à la fois sombre et lumineux. Elle donne accès au lâcher prise qui permet d'avoir des réponses à nos questions, même non formulées, et nous prédispose à l'intuition, à la perception. Elle protégerait aussi des influences négatives, faciliterait les relations avec autrui, et accélérerait notre évolution.

Il faut aussi savoir que la couleur indigo s'obtient par un arc à mercure, or, en astrologie, Mercure est la planète de la communication.

Pour ceux qui ressentent le magnétisme humain et les vibrations que dégage le corps, les *Indigo* sont avant tout des êtres qui vibrent différemment du reste de l'humanité, à une fréquence qui n'est pas encore répandue. Ainsi, leur énergie se situerait sur des plans plus élevés que la norme actuelle, ce qui expliquerait leur hyperactivité, leur incessant besoin de bouger.

Certains chercheurs, particulièrement des physiciens, estiment que cette nouvelle race d'enfants serait apparue sur Terre au moment des explosions solaires du 13 mars 1989. À leurs yeux, les *Indigo* sont très différents des autres enfants surdoués, hyperactifs ou simplement plus évolués que le reste de l'humanité, car ils viendraient d'un autre espace-temps, du futur, et ne se seraient incarnés sur Terre qu'à partir de cette époque.

Quelle que soit la date, très discutée, de l'apparition de ces enfants, ils sont bien différents des autres. Pour la psychologue Doreen Virtue, qui s'est, elle aussi, longuement penchée sur ce phénomène, ce sont « des êtres du futur incarnés sur une planète encore ancrée dans le passé ». Cette définition nous semble très intéressante et correspond aux déclarations de nombreux parents.

On a trop souvent tendance à faire l'amalgame entre les enfants *indigo* et les enfants qui souffrent de troubles obsessionnels du comportement, d'hyperactivité ou de déficit d'attention. Presque tous les enfants *indigo* manifestent un déficit d'attention, mais les enfants qui souffrent de déficit d'attention ne sont pas tous des *Indigo*.

Il existe de nombreuses différences entre eux et il est impossible de constater une quelconque anomalie physique chez les enfants *indigo*. Aucune étude ne fait état de déséquilibre biochimique ou de lésions du cerveau. En revanche, quelle que soit la nature des enfants que l'on calme avec la Ritaline, ils risquent de subir de graves dommages cérébraux.

Le Dr Peter R. Breggin, directeur du Centre international d'études de psychiatrie et de psychologie et directeur adjoint de l'université John Hopkins, affirme : « Ce ne sont pas les enfants qui ont des problèmes, mais le monde dans lequel ils vivent. Quand les adultes leur offrent un meilleur environnement, leur comportement s'améliore considérablement. En revanche, il arrive que les enfants et les adolescents soient si perturbés, si déconcertés ou si autodestructeurs qu'ils se rebellent et retournent cette douleur contre eux. Nous ne devons jamais leur laisser croire qu'ils sont malades ou anormaux puisque la cause fondamentale de leur conflit se trouve dans la famille, à l'école ou dans la société. »

D'après Nancy Ann Tappe, il existerait quatre types d'enfants *indigo* : l'humaniste, le conceptuel, l'artiste et l'inter-dimentionnel. À la suite de longues recherches, particulièrement en se basant sur les variations des couleurs de l'aura qui enveloppe ces enfants, elle a élaboré une méthode pour classer ces comportements. Ces quatre types possèdent de nombreux points communs, mais certaines caractéristiques sont propres à chacun des groupes.

L'humaniste est très sociable, il parle avec aisance de tout et à tous, avec des opinions bien arrêtées. Son énergie semble inépuisable et son hyperactivité continuelle. Il joue, souvent seul, avec tous ses jouets à la fois et lit avec avidité tout ce qui tombe sous ses yeux.

Il vit beaucoup dans l'imaginaire, discutant parfois avec des entités invisibles aux yeux des autres. C'est un rêveur et un idéaliste, parfois distrait, épris de justice et d'harmonie. Il est un ardent protecteur de la nature et des animaux et combattrait aisément au côté d'associations telles que Greenpeace.

Il adore lire, dévore tout ce qui lui tombe sous la main, a des idées arrêtées mais laisse les autres libres de penser autrement. Il a envie de se mettre, plus tard, au service de l'humanité, soit comme médecin, avocat, ou enseignant, soit comme dirigeant politique.

Le conceptuel est plus attiré par les projets que par les gens. Il est agile et sportif, c'est un meneur et même un manipulateur. Il est adroit et démonte volontiers ses jouets technologiques afin de voir comment ils fonctionnent. Passionné d'informatique, il possède un grand sens pratique, sait organiser, innover, conseiller.

Il n'est pas du tout émotif et sait garder ses distances vis-à-vis de ses proches. Il peut parfois s'adonner à la drogue.

Il rêve d'être ingénieur, architecte, pilote ou cosmonaute.

L'artiste est le plus sensible et souvent le plus petit de tous. Très créatif, il possède des dons artistiques innés, mais il refuse souvent de les domestiquer, de poursuivre des études spécialisées ou simplement de codifier son inspiration. Il peut peindre ou dessiner, chanter ou composer, et même essayer de jouer de différents instruments. Grâce à ses facultés sensorielles très affinées, il sera capable de composer une musique très inspirée, tout en étant incapable de mémoriser les cours de musique ou même les notes. Il pourra aussi dessiner ou peindre avec talent, tout en restant imperméable aux conseils d'un professeur qui lui enseignerait comment tenir un crayon ou un pinceau.

Il a souvent le don de guérir et, plus que d'autres, celui de communiquer par télépathie. Il se souvient très bien de ses vies antérieures. Il deviendra un créateur et se spécialisera dans un domaine après en avoir essayé plusieurs autres.

Quant à l'inter-dimensionnel, il semble tout connaître depuis son plus jeune âge. C'est le plus rare des différents types. Il accepte mal les conseils, pense en savoir plus que les adultes, et refuse de s'intégrer. Il déteste les limites, l'autorité, les obligations.

Il est bien plus résistant que les autres enfants et, de loin, le plus robuste des enfants *indigo*. Il est en général grand pour son âge. Plus que les autres types, il a besoin d'être en contact avec la nature, marcher, respirer et réfléchir dans la campagne.

Dès son plus jeune âge, il parle de la « mission » qu'il est venu accomplir sur Terre et ses idées philosophiques et iconoclastes peuvent choquer les bien-pensants. Il a tendance à se conduire comme un chef qui maîtrise sa fonction et entraîne les autres dans son sillage.

Il est permis de penser que c'est ce type d'*Indigo* qui instaurera et enseignera les philosophies et religions nouvelles.

Selon Nancy Ann Tappe, les différentes couleurs vitales de chacun évolueront vers le pur *indigo*.

L'ÉCOLE

«Notre capacité de douter, de critiquer et de désobéir est sans doute le seul moyen d'éviter la fin de la civilisation et d'assumer l'avenir de l'humanité.»

Erich FROMM
(Pr de psychologie)

Autrefois, on pouvait comparer l'enfant à une coquille vide que les professeurs devaient gorger de savoir. Ce bon vieux système s'appliquait à inculquer des connaissances qui permettaient aux élèves de trouver plus tard une situation honorable. On leur apprenait à écouter, à réciter par cœur des enseignements stéréotypés, on cultivait leur goût de la compétition en les comparant aux autres et en chiffrant leur réussite. Punitions, colles, renvois étaient utilisés pour façonner l'enfant et lui permettre d'engranger un nécessaire savoir.

Ces méthodes disciplinaires se sont perpétuées à travers les générations, mais elles ne sont plus guère efficaces de nos jours, et nombre d'enfants arrivent en classes secondaires sans même savoir lire, ce qui était inimaginable il y a seulement trente ans.

Pourtant, ces enfants du troisième millénaire affichent un insatiable besoin de savoir. Ils posent des questions pertinentes et réclament des réponses appropriées. Ils ne veulent surtout pas d'enseignement stéréotypé et refusent d'apprendre ce qu'ils considèrent comme sans intérêt et qui ne leur sera sans doute d'aucune utilité dans l'existence.

« Ça t'a servi à quoi de savoir où la Loire prend sa source ? », nous a demandé un *Indigo* de huit ans qui refuse d'écouter le cours de géographie à l'école.

Ces enfants n'ont guère de problèmes lors des premières années de l'école primaire, car ils sont manuels et savent bien vite dessiner et construire. Les complications se présentent lorsqu'il s'agit de suivre des explications verbales ou écrites et bien structurées, ne laissant aucune place à l'imaginaire ou à la communication intuitive.

Au fil des ans, l'école est devenue une entreprise vouée à l'apprentissage du commerce de la pensée pré-formatée et bien stérilisée, ce qui ne correspond en rien aux aspirations d'un énorme pourcentage de ces enfants. Personne ne peut nier leur manque d'intérêt pour l'école en général, et en particulier pour l'enseignement tel qu'il est pratiqué un peu partout dans le monde. L'échec du système éducatif est patent, l'illettrisme sévit de plus en plus, notamment dans notre civilisation occidentale. Les enfants s'ennuient en classe, estiment qu'on ne leur apprend rien de bien intéressant, que ces leçons ne servent qu'à encombrer leur esprit de notions inutiles, certains estiment même qu'ils savent déjà ce qu'on leur enseigne.

« Que veux-tu que j'apprenne d'un maître qui croit que l'eau vient naturellement du robinet ? », répondit Arthur (six ans) à sa mère qui lui reprochait de ne pas écouter son instituteur.

« La maîtresse n'a rien compris à la vie et lorsque, par hasard, elle dit une vérité, je la connais déjà », affirme de son côté Sarah du haut de ses sept ans.

Pourtant, l'éducation scolaire est au premier plan des soucis de leurs parents. Pour certains enfants, les tests psychométriques ne sont pas brillants et démontrent une hyperactivité et surtout un déficit d'attention qui inquiètent autant les enseignants que les parents. Mais qu'indiquent au juste ces tests ? Quel type d'intelligence mesure-t-on avec le QI ou quotient intellectuel ? Certains enfants ont un QI élevé, mais les tests démontrent que leur créativité est étouffée.

De manière générale, ces enfants révèlent un QI plus élevé que la moyenne normale dans les questions qui relèvent de l'intelligence non verbale, mais plus bas dans le domaine des aptitudes verbales. C'est un peu comme s'ils avaient des difficultés à conceptualiser leur pensée avec nos mots ou dans le cadre de nos paradigmes.

À huit ans, Jude était un enfant désobéissant, incapable de faire ses devoirs, de se concentrer, de s'organiser, il a cependant construit tout seul, avec des éléments disparates, un village en miniature avec des rues bien agencées, l'eau courante, l'électricité solaire, des jardins avec des pelouses et des fleurs.

Nombre de ces enfants dessinent des engins qui relèvent de technologies que les scientifiques commencent à peine à découvrir, telles des voitures avec capteurs d'énergie. Ils sont également capables de résoudre en quelques secondes des problèmes mathématiques, mais restent incapables d'en faire la démonstration. Cela n'est pas sans nous rappeler Einstein, considéré dans son enfance comme un enfant peu doué, d'une intelligence très médiocre.

De toute manière, on a observé une très nette augmentation du quotient intellectuel général depuis cinquante ans. Les statistiques indiquent que sur mille enfants, cinquante ont une intelligence au-dessus de la moyenne, vingt une intelligence brillante, et un est susceptible de devenir un enfant prodige. Mais, parmi les enfants surdoués, bien peu deviennent des génies authentiques à l'état adulte.

En général, le QI des *Indigo* avoisine 130, mais certains d'entre eux atteignent 160 et même plus, ce qui, d'après les critères actuels, correspond au génie. Un QI de 130 n'équivaut certes pas au génie, mais autrefois, une seule personne sur dix mille seulement pouvait espérer atteindre ce résultat. La banalisation de ces performances prouve bien que l'intelligence de l'espèce humaine est certainement en train de se développer.

Sans pouvoir en expliquer la raison, les médecins et les psychologues ont découvert que l'ordinateur semble être un prolongement naturel du cerveau de ces enfants. Ils l'utilisent spontanément, parfois avant de savoir lire ou écrire, et comprennent ses programmes mieux que leurs parents.

Le jour où son père a acheté un ordinateur, Stéphane, quatre ans, s'est assis devant, l'a allumé et commençait à l'utiliser savamment lorsque son père est entré dans la pièce, inquiet.

– Ne t'affole pas, je sais très bien m'en servir, le rassura l'enfant.

– Comment pourrais-tu savoir sans avoir jamais appris ? demanda son père.

– J'ai appris autrefois. De toute façon, je sais.

Les intérêts intellectuels de ces enfants se sont déplacés au profit des sciences, de la technologie. Refusant la méthodologie, ils apprennent par l'invention et la pratique. Bien que tous les *Indigo* ne puissent être classés dans la catégorie des enfants surdoués, la majorité d'entre eux possèdent une intelligence supérieure à la moyenne dans un secteur bien défini.

Les surdoués peuvent devenir des génies en matière de mathématiques, physique ou informatique car l'hémisphère gauche de leur cerveau est hypertrophié, et ils possèdent des données rationnelles et analytiques. Ils n'ont pas pour autant une vision synthétique du monde, alors que chez les *Indigo*, les deux hémisphères sont bien équilibrés, ce qui leur permet d'utiliser la pensée globale ou la pensée concrète, suivant les circonstances.

Alors qu'il était encore un bébé, on a diagnostiqué la conduite du petit David comme un trouble du comportement et un déficit d'attention. Cependant, ses parents ont vite compris qu'il assimilait très rapidement ce qu'on lui expliquait et ont refusé de lui administrer le Prozac prescrit par leur médecin. Ils l'ont entouré de soins attentifs, le traitant plus en adulte qu'en enfant, retardé ou pas.

David savait lire à l'âge de trois ans, mais il n'a pu entrer en classe car il était trop jeune, d'après les critères actuels, pour apprendre à lire, ce qu'il savait déjà. Ses parents l'ont donc instruit à la maison et il a pu entrer en secondaire à neuf ans, étant toujours le premier de sa classe dans les matières scientifiques. Lorsque son père a un problème avec l'ordinateur, David le dépanne immédiatement, même par téléphone lorsqu'il est loin de chez lui.

Il a la chance d'avoir des parents lucides qui l'ont aidé et, surtout, qui ont compris qu'il ne fallait surtout pas lui administrer des drogues qui l'auraient transformé en véritable zombie.

Son cas ressemble à celui de Marton Szasz, petit prodige hongrois, qui savait déjà lire et compter à deux ans et demi. Son père est chef d'atelier dans une usine, sa mère éducatrice en maternelle. À cinq ans, le QI de leur fils était de 158, à six ans, il atteignait 195, alors que seulement 1 % de la population possède un QI supérieur à 155. Marton passe des heures devant son ordinateur, offert par une compagnie d'assurances. « L'ordinateur, c'est mon hobby, dès que j'ai un moment de libre, j'écris des programmes », expliquait-il à huit ans.

Mais tous les *Indigo* n'ont pas l'esprit scientifique, certains sont des poètes, des créateurs.

« La poésie, disait Anna à six ans, c'est un peu comme la couture. Avec des tas de bouts différents, on fait quelque chose de tout nouveau. »

Quant aux punitions, non seulement elles n'améliorent pas le comportement de l'enfant, mais elles déclenchent de violentes colères, de nouveaux conflits ou, au contraire, un repli dans l'isolement et le mutisme total. Il est indéniable que leur refus de l'autorité absolue, de l'ordre établi, n'arrange pas leurs rapports avec les professeurs, habitués à donner des ordres sans que ceux-ci soient discutés ou remis en cause.

D'ailleurs, ces enfants cherchent souvent à attirer l'attention par des comportements que les professeurs peuvent considérer comme perturbés ou agressifs, alors qu'ils désirent seulement une certaine reconnaissance de ce qu'ils représentent, d'autant que leurs camarades bien conformistes reçoivent des compliments pour leur attitude soumise.

Nombre de ces enfants estiment ne pouvoir débattre en toute objectivité des sujets qui les intéressent à l'école, car ils restent persuadés que les enseignants ne pourraient les comprendre. Ils préfèrent échanger des idées avec les autres élèves plutôt qu'écouter des cours qui les ennuient et pendant lesquels ils ne sont pas autorisés à apporter de contradiction.

« Les cours, c'est trop lent, et la maîtresse répète toujours la même chose, comme si nous étions bouchés », se plaint Emma (six ans).

Même reproche de David (huit ans) : « On nous raconte des choses que je sais depuis longtemps, et pour être sûr qu'on a bien compris, on les répète sans arrêt. C'est très barbant. »

Ils raisonnent et apprennent sous forme d'images mentales, car ils sont doués pour visualiser aussi bien le futur que le passé. Ils jaugent les gens à première vue et remarquent leur apparence suivant ce qui les intéresse le plus : aspect physique, odeur, voix, sentiments qu'ils dégagent. Des études montrent bien une activité accrue dans le lobe occipital qui est associé à la vision.

« Je sais que mon professeur s'ennuie autant que moi pendant les cours. Il les fait sans doute pour gagner sa vie, mais il n'aime pas ce qu'il fait. J'en suis sûre », affirme Estelle (dix ans).

Alors que son père lui expliquait qu'il avait besoin de lire pour comprendre la vérité, Flavio Cabobianco, alors âgé de six ans, lui répondit : « Bien sûr, à toi Dieu transmet la vérité à travers les livres. Moi, je n'ai pas besoin de lire des livres, j'ai une connexion directe. Je sens la vérité. » Son père lui fit alors part de sa crainte d'influencer ses propos. « Non, ça ne peut pas m'arriver. Les êtres humains ont des idées, ils s'agrippent aux idées comme moi à ce coussin. Parfois ils changent leurs idées pour d'autres qui leur plaisent davantage ou leur paraissent plus intéressantes. Moi je ne peux pas changer mes idées parce que je suis ainsi. Les idées sont dans ma nature, elles sont ma nature, elles font partie de moi. C'est pour ça que tu ne peux pas m'influencer. Mais tu peux m'aider beaucoup si tu m'enseignes des mots qui m'aident à expliquer ce que je sais déjà. »

Une mère d'*Indigo* nous révèle : « Ma fille Allyson qui a quatre ans et demi, fait et dit des choses que nous ne lui avons jamais apprises et elle ne va pas encore en classe. Elle sait ce que je pense au moment même où je le pense et parfois, elle finit mes phrases avec les mots que j'aurais utilisés. En outre, lorsque j'ai mal, elle ressent la même douleur et au même endroit que moi. »

Nombre de parents sont surpris autant qu'admiratifs de la sagesse spirituelle de leur enfant et de sa maturité.

Les enfants *indigo* ont conduit certains scientifiques à prendre conscience qu'il est indispensable de mettre au point un nouveau système d'éducation.

Pour sa part, le mathématicien René Thom, titulaire de la médaille Fields (équivalent du prix Nobel pour les mathématiques), pense que la connaissance et la science ne sont pas synonymes : « Il y a la connaissance scientifique et la connaissance non scientifique, et je pense que la connaissance non scientifique, du point de vue de l'individu, peut avoir une valeur supérieure à la connaissance scientifique. »

C'est là toute la différence entre le savoir et la connaissance.

Flavio répondit un jour à son père : « Tu penses trop. Tu dois te laisser vivre et attendre la réponse. Tu penses et tu repenses. Tu penses qu'en creusant avec une pelle, tu vas arriver plus vite aux fondations. Tu y arriveras de la même façon en grattant avec ton doigt. N'utilise pas tant ta volonté personnelle, ne t'agite pas autant à l'intérieur de ta tête. Il faut se laisser guider par son âme. »

LES PARENTS

« Car certaine est la mort pour qui est né,
Certaine est la naissance pour qui est mort. »

La Bhagavad Gîtâ

Les enfants *indigo* s'accordent pour déclarer qu'ils ont choisi leurs parents, particulièrement leur mère, avant de s'incarner.

Duncan est un enfant hyperactif, avec un quotient intellectuel bien au-dessus de la moyenne, mais il ne peut s'adapter à la vie scolaire, s'oppose à ses professeurs et manifeste souvent une attitude provocante envers ses camarades. À trois ans, il a raconté à sa mère comment il l'avait choisie : « Quand j'étais encore avec Dieu, j'ai observé partout dans le monde et, parmi toutes les autres mamans possibles, je t'ai choisie pour que tu deviennes la mienne, et papa mon père. J'ai pensé que vous seriez les meilleurs parents pour moi. Alors, je suis arrivé dans ton ventre, et je ne le regrette pas ! »

Ces enfants utilisent souvent des termes et des concepts abstraits pour expliquer leur venue sur Terre, leur choix des parents, leur hésitation à s'incarner, et cela dès leur plus jeune âge.

« Tu sais maman, disait à deux ans la petite Laura, si je t'ai choisie avant de venir sur Terre, c'est parce que c'est toi que j'ai préférée. J'ai eu le choix entre beaucoup de mamans. »

Au sujet de ses parents, Flavio Cabobianco, cet enfant hors du commun qui habite Buenos Aires, écrivait à l'âge de neuf ans : « Je me souviens de centaines de boules lumineuses, car tout ce qui vit est boule de lumière. J'en vois certaines qui peuvent m'aider à vivre sur cette planète si difficile. Je vois deux mères possibles : une avec une personnalité forte, et une autre avec une personnalité plus douce, mais juste. Cette dernière est accompagnée par une autre boule de lumière qui brille beaucoup. Je peux dire qu'elle est de couleur verte et violette. Eux m'attirent parce qu'ils sont unis par l'amour ; ils seront mes parents. Je sais qu'il faut que j'y aille. Je commence à me sentir de plus en plus attiré vers eux. Apparaît un tunnel lumineux ; autour il y a l'obscurité.

« Quand j'y entre, je me sens très comprimé, très enfermé. Pour moi, naître dans ce monde c'est comme mourir pour les humains : c'est passer à un plan difficile et inconnu. Quand j'entre dans ma mère, le processus physique de mon existence commence. Je vais dans mon mental, parce que c'est la partie la plus subtile que je rencontre ; de là, j'observe l'évolution de mon corps.

« À la naissance, je reste attaché au mental de ma mère bien que mon corps soit déjà sur la Terre. Je crois que c'est pour cela que je ne me souviens de rien de personnel jusqu'à l'âge de trois ans ; je restais très uni à elle. Ensuite, maman m'a raconté que, pendant toute cette époque, elle voyait le monde d'une façon à la fois bizarre et claire.

C'était ainsi parce que j'essayais de comprendre le monde à travers son mental. »

Son récit du tunnel lumineux peut se rapprocher des nombreux témoignages de ceux qui ont vécu une expérience hors du corps (NDE). Quant à la notion de compression, d'étroitesse, de difficulté d'entrer dans un corps humain, elle s'apparente aux déclarations de retour sur terre après ces NDE.

Rébecca a aussi « choisi » sa maman, Andréa, mais elle l'appelle Éna depuis qu'elle est en âge de parler, ce qu'elle a fait très tôt. Dès qu'elle a articulé ses premiers mots, elle a prononcé ce nom au lieu de l'habituel maman, ou mama, ou mam, ou mae, ou amama, comme on le dit dans la plupart des langues. « Je t'appelle ainsi car c'est ton vrai nom », explique-t-elle. À présent elle a sept ans mais continue à appeler sa mère Éna, aussi bien lorsqu'elle s'adresse à elle que lorsqu'elle en parle à des tierces personnes.

« Je te connais depuis longtemps », lui a-t-elle dit un jour. Elle a ensuite précisé que c'était bien longtemps avant cette incarnation. « Je me suis incarnée lorsque le bébé était déjà dans ton corps. Je suis entrée dans le bébé. »

Ces propos tendrait à laisser supposer que l'âme n'incorpore le corps que lorsqu'il est déjà formé.

Sa mère, Andréa, a été surprise par le regard de son enfant lorsqu'on le lui a mis dans les bras à la naissance : « Son regard était surprenant. Comme si elle était très vieille, avec un corps de nouveau-né. Ce regard semblait contenir une sagesse millénaire. »

Rébecca pense qu'elle doit « éduquer » son père, qui a changé certaines de ses vues sur le monde depuis la naissance de sa fille.

Elle n'accepte jamais rien sans raison ou preuves. Il faut toujours lui expliquer le pourquoi et le comment de ce qu'on lui demande.

En effet, ces enfants respectent leurs parents dans la mesure où ceux-ci les respectent également. Ils résistent au ton autoritaire, mais écoutent les explications sensées. Ils détestent se sentir dépréciés ou être critiqués en public et supportent difficilement qu'on leur suggère une orientation de vie car ils estiment savoir mieux que quiconque ce qu'ils feront plus tard, même si cela ne correspond pas aux habitudes familiales. Ils refusent de recevoir des ordres injustifiés, mais ils recherchent le dialogue et désirent surtout être des interlocuteurs pour leurs parents.

Une petite fille de cinq ans a dit à sa mère : « Vous n'êtes pas mes vrais parents. Mes vrais parents sont au-delà, au pays des elfes et des fées. Mais je vous ai choisis pour que vous vous occupiez de moi sur cette Terre. »

À sept ans, Flavio possédait une idée très précise de la reproduction : « Il y a deux catégories d'humains : les hommes et les femmes. Chacune d'elles est constituée de deux types d'énergies : féminine et masculine. Selon le sexe, domine l'énergie d'une des deux catégories. De plus, chacune d'elles a une partie du corps spéciale pour la reproduction. Sur d'autres planètes, la reproduction est différente. Comme il n'y a pas de corps physiques, deux êtres de pôles distincts interchangent leur énergie et produisent un autre être. »

Tous les psychologues qui accompagnent ces enfants pensent qu'ils obligent leurs parents à être francs, à se poser des questions et à sortir des sentiers battus et des habitudes ancestrales. Ils estiment qu'ils font partie intégrante de la famille et entendent bien avoir leur mot à dire, même si on ne leur demande pas leur avis. Ils sont nombreux à répondre à leurs parents qu'ils « ne les autorisent pas à leur parler sur ce ton » !

« Elle ne va pas bien », déclara brusquement Carla (six ans) à sa mère qui venait de quitter une amie. Comme sa mère lui expliquait que son amie était en pleine forme,

Carla s'obstina à affirmer: «Pas du tout, je sais ce que je dis.» Elle avait raison. Tandis qu'elle lisait dans un coin, n'écoutant apparemment pas la conversation, elle avait su déceler un malaise chez l'amie de sa mère qui n'en avait pas parlé ce jour-là.

Dès leur plus jeune âge, ces enfants réclament d'être traités comme des adultes, des partenaires, et non comme des bébés. Ils recherchent chez leurs parents l'honnêteté et l'ouverture d'esprit et sont à l'aise dans un environnement où les limites sont bien définies et respectées.

Ils ont besoin d'être toujours occupés, physiquement ou intellectuellement. On les accuse d'inattention car ils ignorent les conversations ambiantes si elles ne correspondent pas à leur intérêt. Cette accusation est ridicule car lorsqu'on leur parle d'un sujet qui les captive, leur attention ne faiblit pas un seul instant durant des heures d'affilée. De même, ils refusent d'obéir à des ordres qu'ils trouvent injustifiés, voire stupides, lorsque les adultes prétendent savoir mieux qu'eux.

Ils font souvent preuve d'une logique implacable qui gêne les parents car elle les confronte à leur emprisonnement social, leur peur de la différence, leur besoin d'obéir aux dogmes, toutes notions fortement rejetées par les *Indigo*.

Ils n'adhèrent pas aux besoins d'argent des adultes. Ils savent qu'il est utile d'en avoir, mais refusent d'en faire un idéal, un but de la vie. Il en est de même pour ce que leurs parents appellent, souvent à tort, la «réussite». N'ayant pas le moindre désir de supériorité, aucun goût pour la compétition, l'idée d'être le meilleur ne les effleure pas une seconde.

«Ça sert à quoi d'être le premier?», demanda d'un ton blasé Effram à son père qui lui expliquait qu'il devait arriver en première place au classement scolaire.

Quant à Janice (sept ans), elle rétorqua à son père qui lui faisait l'apologie de la réussite universitaire:

– Ça a servi à quoi, tes études brillantes, puisque tu es maintenant au chômage ?

– C'est un état provisoire, je vais vite trouver un autre travail.

– Le père de mon amie Katie n'a pas fait d'études et n'est jamais au chômage.

– Sans doute, mais il n'est qu'un ouvrier, alors que j'avais un poste important.

– Et alors ? Qu'est-ce que cette importance te donne en plus de lui ?

« Dans ce monde, tant qu'à faire, il vaut mieux être le premier mais ça n'a pas d'importance », constate Caliste, six ans.

Tous ces enfants s'accordent à dire qu'ils ne supportent aucune entrave, qu'elle soit psychologique ou physique. Ainsi, par exemple, ils détestent les vêtements rigides ou serrés, les chaussures trop petites, les cols trop montants.

Alors que sa mère voulait lui faire essayer de jolies chaussures en cuir verni, Gwen, sept ans, saisit une paire de chaussures en toile, épaisses et inélégantes mais souples.

– C'est celles-là que je veux.

– Elles sont très laides.

– Je ne trouve pas mais, de toute façon, elles sont très confortables et, avec elles, je serai plus jolie au-dedans de moi. Le dehors est moins important. Je n'en veux pas d'autres.

Quant à la nourriture, elle n'est pas une priorité pour eux et ils ont tendance à se servir de petites rations. Ils ont horreur des habitudes alimentaires, aiment manger lorsqu'ils en ont envie, et non à des heures fixes. Ils peuvent se nourrir chaque jour du même plat s'ils l'aiment, et préfèrent les céréales, les fruits et les légumes, les aliments vivants. Nombre d'entre eux refusent de manger de la viande.

Parlant de son enfance, Flavio raconte : « Me servir de mon corps et par-dessus tout manger, me coûtaient beaucoup. Manger est une manière très indirecte de prendre l'énergie dont on a besoin et je ne pouvais m'y habituer. » À cinq ans, il fit la connaissance d'une femme qui lui confia que lorsqu'elle était une enfant, elle aussi avait beaucoup souffert d'être incarnée. Elle lui expliqua que son corps était un instrument pour remplir sa tâche sur la Terre, qu'il devait apprendre à s'en servir et à l'alimenter avec l'énergie prise sur le plan physique.

Parfois, ces enfants sont au courant des coutumes de pays étrangers dont on ne leur a jamais parlé, et réclament des plats inconnus sous nos climats.

Ainsi, la petite Inès, qui est portugaise, demande souvent à sa mère de lui faire du taboulé « tout vert », comme on le mange au Liban, parsemé d'une quantité de persil et de menthe, alors que ce plat est inconnu dans son pays.

De même, dans leur ouvrage *Célébration des enfants indigo*, Lee Carroll et Jan Tober citent le cas de Samuel qui a demandé à sa mère de mettre du beurre dans son thé parce que « c'est comme ça qu'on boit le thé en Chine ».

Enfin, ils peuvent avoir des allergies, car leur sensibilité est à fleur de peau. Ils détestent les colorants et conservateurs alimentaires, les vêtements en fibres synthétiques, les produits chimiques de lavage. La National Academy of Sciences et l'American Academy of Pediatrics estiment que ces enfants sont particulièrement sensibles aux pollutions environnementales et que les produits chimiques, qu'ils détectent très aisément, risquent d'aggraver leurs troubles de comportement.

Ainsi, Rébecca a une intolérance au sucre, est allergique aux colorants alimentaires et se nourrit presque exclusivement de céréales, refusant de manger de la viande.

En revanche, ils ne sont pas sujets aux maladies puisqu'ils sont en phase avec eux-mêmes. Certains d'entre eux, comme nous le verrons plus loin, sont même capables d'offrir une résistance aux maladies jusqu'à trois mille fois supérieure à la moyenne.

LES RELATIONS AVEC AUTRUI

« Tous les êtres humains trébuchent un jour sur la vérité. La plupart se relèvent rapidement, secouent leurs vêtements et retournent à leurs occupations, comme si de rien n'était.»

Winston CHURCHILL

Leurs relations avec les autres, adultes ou enfants, sont différentes de celles des autres enfants. Ils sont parfaitement autonomes dès leur plus jeune âge, ont un esprit critique très aiguisé et adorent lancer des défis ; ils sont particulièrement doués pour se tirer tout seuls de situations délicates.

«Je suis à la fois fier d'être un *Indigo* et triste d'être un peu différent du reste du monde, car je ne peux pas me lier véritablement avec des tas de gens. L'échange d'idées est parfois difficile et je me sens frustré de ne pas vraiment connaître d'autres enfants qui me ressemblent», constate Hillary, douze ans.

Ils peuvent paraître asociaux s'ils ne trouvent pas chez leur interlocuteur une affinité de conscience et ils préfèrent la solitude à la compagnie des autres enfants réputés « normaux ».

Rébecca a peu d'amis car elle sait qu'elle est différente. Elle déclare : « Ils ne me comprennent pas, ils ne me connaissent pas. » Elle préfère la compagnie de sa mère qui lui consacre tout son temps, mais elle avoue souffrir de ne pas avoir d'amis. Elle rêve de rencontrer d'autres *Indigo* avec des vues similaires.

Elle se sent très « responsable » et a un sens inné de la justice.

Elle déteste la musique bruyante, la violence sous toutes ses formes, l'esprit de compétition qu'elle découvre chez les autres enfants de son âge. Elle aime jouer, mais se moque éperdument de gagner. Elle critique les exaltés qui supportent bruyamment leurs idoles sportives et ne comprend pas qu'ils se battent pour gagner.

« Je préfère trois équipes, comme ça il y en a une qui est neutre », estime Caliste, six ans.

Rébecca respecte tout ce qui vit sur Terre, non seulement les animaux mais aussi les plantes. Elle évite de les écraser, de les maltraiter. Elle répète souvent : « Chaque chose a sa raison d'être. »

Elle semble lire à l'intérieur de ceux qu'elle rencontre. « Elle n'est peut-être pas belle à l'extérieur, mais elle l'est à l'intérieur », dit-elle un jour d'une personne plutôt disgracieuse dont on critiquait l'aspect physique.

Marton Szasz, déjà cité, n'a pas d'amis et préfère la compagnie de l'académicien György, professeur de physique atomique, qui correspond avec lui et l'invite souvent à Budapest. Il est évident que ses parents sont dépassés par les événements, mais ils apprécient l'aide que reçoit leur fils pour ses études, financées par une émission télévisée et par le maire de Szendrö, la ville où habite l'enfant. Des livres et encyclopédies lui sont envoyés de toutes parts du pays.

« J'aimerais un jour aider la Hongrie avec mes connaissances. Pas seulement la Hongrie mais l'humanité tout entière », a-t-il déclaré à l'envoyé du *Figaro*, venu l'interviewer en 1995, alors que l'enfant avait huit ans et demi. Il insiste particulièrement sur la nécessité de « ne pas faire la guerre ».

Grégory (cinq ans) est bien d'accord : « C'est très laid de se battre et de faire la guerre, on se tue pour rien. Dieu n'est pas content. »

Et Virginie (sept ans) abonde dans ce sens : « Les hommes se battent au lieu d'essayer de s'expliquer. La guerre rend les gens cruels, je la déteste. »

Rébecca déplore, elle aussi, la violence qui sévit partout et déclarait à cinq ans : « Si les femmes gouvernaient le monde, il n'y aurait pas de guerre, c'est certain. »

La petite Mélissa (six ans) a vite compris que la plus grande partie du monde extérieur n'était pas son univers et souffre de « mutisme collectif ». Elle s'adresse cependant à quelques personnes, ses parents, son frère et quelques privilégiés, mais elle ne parle pas à ses camarades de classe. Elle communique pourtant avec certains d'entre eux, mais sans l'aide de mots.

Les enfants *indigo* se reconnaissent entre eux, et lorsque l'un est triste ou malade, les autres s'approchent et se regroupent autour de lui. Nombre d'éducateurs ont remarqué qu'ils se placent souvent deux par deux. Parfois, ils figurent des triangles ou des formes géométriques habilement disposées. Généralement, ils restent ainsi silencieux, puis s'éloignent peu à peu, toujours sans mot dire. Lorsqu'on leur pose des questions sur ce genre de comportement, ils évitent de répondre et reprennent leurs jeux comme si rien ne s'était passé.

Des infirmières et des thérapeutes ont relaté leur surprise devant le comportement de ces enfants au chevet des malades, jeunes ou vieux, à l'article de la mort. Ils les entourent de sollicitude et d'amour, les réconfortent, leur parlent de l'au-delà dans des termes surprenants de sagesse. Après le décès, ils expliquent fréquemment à la famille comment «les choses se passent au Ciel».

Lorsque Alex avait deux ans, ses parents l'emmenaient parfois au chevet de sa grand-mère qui se mourait lentement de la maladie d'Alzheimer. Elle était incapable de s'exprimer mais Alex s'asseyait sur son lit, prenait ses mains dans les siennes et la regardait. De temps en temps, il murmurait des mots affectueux et la vieille dame semblait alors regagner un peu de lucidité et d'énergie. Elle décéda lorsque Alex avait trois ans. Le jour de son enterrement, tout en observant le cercueil, il dit à ses parents: «Regardez, elle n'est pas dans la boîte, elle est en l'air, je peux la voir et elle sourit.» Une demi-heure plus tard, il annonça qu'elle «était partie». Par la suite, il «rencontra» sa grand-mère à plusieurs reprises, toujours souriante. «Elle est heureuse maintenant, plus que sur la Terre», dit-il.

Ces enfants savent écouter avec compassion et attirent ainsi ceux qui ont besoin d'aide. Ils aiment les plantes et les animaux et prétendent communiquer avec eux par télépathie.

Oona a de longues conversations avec les fleurs qui ornent le jardin de ses parents. «Je leur parle et elles me répondent. Et quand je les quitte, elles sont tristes.»

À cinq ans, Flavio Cabobianco expliquait: «Les plantes aussi ont une vie et un mental, un mental différent du nôtre; elles savent qu'elles doivent rester attachées à la Terre et croître. Elles sont aussi attachées au Soleil. Elles sont très concentrées et spirituelles; elles ont un corps très subtil, à peine tu t'approches et déjà elles te sentent. Les plantes s'alimentent directement de la terre, pas comme nous autres qui nous alimentons des choses qui s'alimentent de la terre. Les fleurs ont besoin des humains et les humains ont besoin des fleurs. Elles soignent nos sentiments et jusqu'à certaines blessures physiques. »

On ne pourrait mieux qualifier les « Fleurs de Bach », utilisées pour soigner les maux de l'âme et, par voie de conséquence, les dommages physiques.

Flavio s'intéressait également à la vie des animaux, avec une vision parfaitement cohérente : « Les fourmis aussi ont une vie différente ; elles sont reliées entre elles, elles font partie d'un seul mental. La fourmilière est un seul mental qui a un corps dispersé dans chaque fourmi. Le mental humain est individuel, il est solitaire. Les humains croient que le mental est dans le cerveau et que la vie est dans le corps, mais la vie passe à travers le corps et le mental, nous sommes tous des parties de la Vie. La Vie vient de l'étoile de chacun de nous et l'étoile vient de Dieu. »

Ces propos s'apparentent à la notion d'âme-groupe des animaux, qu'évoquent certaines traditions.

Alors qu'il observait une plante, Marcos Cabobianco, frère aîné de Flavio et, lui aussi, *indigo*, remarquait alors qu'il avait sept ans : « C'est l'ange gardien des plantes. C'est comme un fantôme parce qu'il apparaît et disparaît. Chaque personne a un ange gardien, mais les plantes n'en ont pas besoin, elles ont seulement un gardien qui bouge de tous les côtés. Il s'occupe aussi des plantes d'en bas, les plantes qui sont dans des pots. Il apparaît dans la maison où il y a des plantes, mais il ne se reflète pas dans les glaces. »

Leur intuition est exceptionnelle et ils savent d'instinct aller à l'essentiel. Lorsqu'ils lisent ou regardent une émission télévisée, dès les premières minutes ils savent s'ils seront intéressés par la suite.

« Si c'est ça la télévision, je préfère aller parler aux étoiles, c'est bien plus intéressant », remarqua Colin, cinq ans, en voyant le petit écran pour la première fois de sa vie.

Quand ils écoutent des conversations d'adultes, ils sont avertis des informations qu'ils peuvent en tirer alors qu'ils semblent s'en désintéresser. Ils prétendent souvent savoir déjà ce que les autres racontent. Parfois, ils écoutent quelques minutes puis affirment avec autorité que cela n'a aucune importance.

Ils sont aussi très impulsifs. La créativité leur permet d'extérioriser leurs sentiments et leurs émotions, c'est un exutoire à leur trop plein d'énergie qui est l'une de leurs caractéristiques communes. Ces enfants semblent ne pas tenir en place, vont et viennent, touchent tout. Ils réagissent avec violence dans une ambiance survoltée car ils captent le stress et les angoisses des adultes. C'est sur ces manifestations que se basent ceux qui ne les comprennent pas pour les qualifier d'hyperactifs et même d'agités.

Lee Carroll et Jan Tober citent un cas étonnant : Jere Neal a une petite fille *indigo* qui, dès sa naissance, a su manipuler sa famille et lui faire comprendre ce qu'elle aimait et ce qu'elle n'aimait pas. Alors qu'elle avait dix-huit mois, sa mère l'installa devant la télévision et mit dans le magnétoscope le film de Walt Disney *La Petite Sirène*, bien que sa fille ait souhaité voir *La Belle et le Clochard*. Lorsque sa mère revint dans la pièce un peu plus tard, sa fille regardait *La Belle et le Clochard*. Elle avait donc su pousser le bouton d'éjection de la cassette que personne ne lui avait montré, et avait ensuite trouvé la cassette désirée, l'avait introduite dans le bon sens, ce qui n'est pas évident, et avait ensuite sélectionné le bouton de démarrage du film.

Quant à leurs désirs, ils souhaitent qu'ils soient réalisés aussitôt manifestés, leur concrétisation doit être instantanée. Cette impatience explique leur incapacité de prendre place dans une queue, même pour voir leur film préféré.

« Quand je veux quelque chose c'est tout de suite ou pas du tout », avoue Émily (six ans). Elle ajoute : « C'était comme ça avant la Terre. Quand j'avais envie de voyager, j'étais tout de suite transportée là où je voulais. »

Des médecins ont découvert que leur sommeil est plus agité et plus actif que celui des autres enfants. Ils ont besoin de peu de sommeil mais de bonne qualité.

Tous ces enfants ont en commun un profond besoin de vivre dans la paix et l'harmonie, et sont particulièrement sensibles à la peur que dégagent leurs parents lorsqu'ils constatent leur impuissance à les contrôler. Ils ont tendance à privilégier leur cerveau droit, qui représente la créativité, l'intuition, l'imagination, les activités artistiques, alors que l'école et l'éducation familiale classique favorisent le développement du cerveau gauche, raisonnable, rationnel.

Ils trouvent parfaitement naturels leurs dons de télépathie. À la minute même où son frère était victime d'un accident de moto, Justine, âgée de deux ans et demi, annonça à sa mère, tout en dégustant calmement ses tartines du petit déjeuner : « Thomas a eu un accident, mais ne t'inquiète pas, il va bien. »

Martin, quatre ans, jouait sagement dans le salon de ses parents lorsqu'il se leva soudain et saisit la photo de sa tante sur une étagère. « Elle s'en va, elle est partie », dit-il alors, puis il retourna à ses jeux. Sa tante décédait à cet instant précis à des milliers de kilomètres de là.

Alors qu'elle prenait aussi son petit déjeuner, Fiona, trois ans, déclara soudain : « Grand-père est venu me voir la nuit dernière et m'a annoncé qu'il partait pour ne plus revenir. » Elle avait à peine terminé sa phrase qu'un coup de fil annonça que son grand-père n'avait pas survécu à une crise cardiaque tout à fait inattendue.

Otto, trois ans, embrassa un jour le chien de sa grand-mère plus longuement qu'il avait l'habitude de le faire. « Je te dis adieu parce que nous ne nous reverrons plus sur cette Terre mais seulement lorsque nous serons près de

Dieu. » Le lendemain le chien succombait de manière inattendue à une crise cardiaque.

Lisa bavarde souvent avec sa grand-mère qui est morte avant sa naissance. Lorsqu'à trois ans elle la décrivit pour la première fois, elle n'avait encore jamais vu sa photo. La dernière fois que sa grand-mère est venue « lui rendre visite », Lisa avait douze ans. Elle ne l'a pas revue depuis cette époque.

Leurs dons s'exercent également sur des inconnus. Georgia n'hésite pas à aborder les gens dans la rue, le métro ou l'autobus en leur racontant ce qu'elle « voit » à leur sujet. Il est évident que tous sont surpris, non seulement de cet abord amical mais, surtout, de la justesse de ses propos. Elle a commencé à se comporter ainsi dès l'âge de trois ans.

Quant à Sarah, elle a retardé le moment où son petit frère a pu parler car elle lisait dans ses pensées et ne lui demandait pas de s'exprimer verbalement. Réciproquement, il semblait la comprendre en la regardant.

Il est certain que ceux qui vivent dans un monde « réel », rationnel, où, seul, ce qu'on peut voir ou toucher existe, un monde que l'on peut mesurer et qui se réfère à des principes déterminés par la science, sont déstabilisés par ces affirmations.

LA MORT

« Je vois sans peur la tombe aux ombres éternelles,
Car je sais que le corps y trouve une prison,
mais que l'âme y trouve des ailes. »

Victor HUGO

Leur compréhension du monde spirituel dépasse, de loin, celle de leurs parents. Ils parlent souvent de vies passées, sur cette Terre ou sur d'autres planètes, et semblent en avoir des souvenirs très précis.

Pour ces enfants, la mort n'est pas une fin.

Lee Carroll et Jan Tober ont interrogé de nombreux enfants sur ce sujet :

« C'est cesser d'exister sur cette planète, mais passer à autre chose. »

« C'est quitter son corps matériel. »

« La fin d'une étape et le passage à une autre. »

« La transition d'un état à un autre. Le voyage vers une autre dimension. »

« Ce qu'il y a de mieux dans la mort, c'est ce qui est au-delà. »

« C'est quand tu as la chance de quitter cette planète. »

« Tu nais, tu vis, tu passes à autre chose. »

« Je suis certain que l'âme continue. Je veux dire que ce n'est pas fini. Je le sais. »

« Ton âme habite un corps, elle l'emprunte à Ici Terre, et un jour il faudra le lui rendre. »

« L'âme s'envole vers un lieu quelconque ; j'imagine qu'elle y reste un peu avant de revenir sous une autre forme. »

À cinq ans, Flavio Cabobianco expliquait à sa mère : « Les humains se souviennent uniquement de la vie qu'ils sont en train de vivre. Et la vie continue. Quand je tourne une page, cette vie se termine et je vais à une autre vie. Savais-tu qu'il y a beaucoup de sortes de vies ? De la même façon que dans ton agenda il y a différentes formes, numéros, lettres, la vie humaine est seulement une des formes de la Vie. Et la Vie est Dieu. »

Il précisait aussi : « Quand je suis né, ce monde était pour moi comme un monde de fantômes, de fantômes physiques. Pour être physique, il faut d'abord naître. Pour être fantôme, il faut d'abord faire l'effort de mourir. Je veux dire que les humains qui sont devenus des fantômes ont eu beaucoup de mal à mourir, ils ne voulaient pas mourir. À cause de cela, ils ne flottent pas vers le Soleil, ils restent près de la Terre. Les fantômes ont oublié que nous sommes tous issus de Dieu et que, quand nous mourons, nous retournons à Dieu. »

Il abordait alors souvent le problème de la mort : « Certaines personnes croient que tout se termine avec la mort. Il est certain que quand l'homme meurt, son corps physique disparaît, mais l'homme ne meurt pas tout entier, son âme s'en va avec Dieu. On peut avoir peur parce que cesser d'être physique, c'est un changement très grand. Mais c'est comme terminer l'école et ensuite continuer à apprendre, aller dans un niveau supérieur ou une école différente.»

«La mort c'est le repos, quand tu es mort tu peux regarder en arrière et tout remettre en ordre avant de continuer», expliquait Anna à cinq ans. «Être mort fait partie de la vie, et la vie, de la mort.» Anna perdit la vie dans une chute accidentelle et quitta notre Terre à sept ans.

Georges Osorio, ingénieur en physique-chimie-biologie au Commissariat à l'Énergie atomique, membre de l'Académie des sciences de New York, pense que nous vivons à cheval sur deux mondes: le monde du réel et le monde que les mathématiciens appellent «le monde imaginaire».

«Nous sommes à la fois corpuscules du côté du réel et ondes du côté du monde ondulatoire, dit-il. Le jour où la partie matérielle se désagrège, il ne reste que la partie ondulatoire qui a mémorisé tout ce qu'elle a vécu. Et lorsqu'on disparaît, restent ces particules qui constituent l'esprit, car la matière peut se détruire, mais pas l'énergie. Cette partie-là n'est pas inerte car rien n'est inerte dans l'Univers et elle continue de vibrer avec nos informations lorsque nous disparaissons. Ce "paquet d'ondes" indestructible a une vie, une conscience, il est tributaire des informations qu'il porte.»

Charlotte, qui n'a jamais connu son grand-père, mort alors qu'elle était encore un bébé, parle souvent de lui et prétend qu'il bavarde souvent avec elle: «Il n'est pas mort, il est ailleurs et me parle souvent. Il vous parle aussi, mais vous n'écoutez pas.»

Rébecca a la même optique de la mort. Lorsque sa mère lui apprit que son grand-père venait de quitter ce monde, Rébecca lui répondit: «Je sais, mais tu ne dois pas être triste. Il est bien mieux là où il est maintenant. Il a des choses à faire ailleurs.»

Parfois, elle annonce à sa mère qu'elle peut voir son grand-père quelque part dans la pièce. « Il est assis là, je le vois. Ne pleure pas, il va très bien. »

Elle confirme sans cesse qu'elle ne craint pas la mort.

La *Bhagavad-Gîta* enseigne : « Comme l'on quitte des vêtements usés pour en prendre de nouveaux, ainsi l'âme quitte les corps usés pour revêtir de nouveaux corps. »

À cinq ans, Flavio n'avait évidemment pas lu la *Bhagavad-Gîta* – ses parents non plus, du reste –, pourtant, il racontait à cette époque : « L'âme sort de Dieu et se met un habit. Ainsi se forment les humains. Il y a comme un vestiaire où sont tous les habits. Dieu dit à l'âme qu'elle doit se mettre tel vêtement. Le vêtement est le corps. La forme du corps dépend de la forme du monde où l'âme va aller. Moi, Il m'a donné un vêtement pour venir sur la Terre. Les humains ont tous la même forme ; bien sûr il y a des différences, comme les différences de visages. Les femmes aussi sont différentes des hommes, mais la différence est faible. »

Ces propos rejoignent également ceux du philosophe Arthur Schopenhauer qui a réuni un matériau considérable sur la réincarnation : « Lorsque nous mourons, nous rejetons notre individualité comme un vêtement usé et nous nous réjouissons parce que nous allons en recevoir un autre, nouveau et meilleur. »

À sept ans, Flavio affina son enseignement sur ce grave sujet : « Dans chaque vie, nous apprenons un peu plus chaque jour et nous emportons avec nous les expériences constructives, mais parfois aussi des désirs et des choses négatives. En réalité, la vie est une grande école : certains commencent à peine, d'autres redoublent, chacun va en progressant dans les différents niveaux d'apprentissage jusqu'à devenir professeur. On est alors un professionnel de l'éternité, et on a la mission de descendre pour aider les élèves afin qu'ils arrivent au même niveau, et leur enseigner que nous sommes tous des parties de Dieu et que la vie nous polit jusqu'à arriver à la perfection.»

Ce discours rappelle la déclaration d'Henry Miller, le fameux romancier américain, disparu en 1980, qui répondit en 1951 à un journaliste qui le questionnait sur ce sujet: «Bien sûr, l'on ne meurt pas, personne ne meurt. La mort n'existe pas. On ne fait qu'atteindre un nouveau niveau de vision, un nouveau royaume de la conscience, un nouveau monde inconnu.»

Alors que Manuel (huit ans) se mourait d'une leucémie, il rassurait sa mère qui pleurait à son chevet: «Je sais que je vais quitter cette Terre mais ne pleure pas. Je vais rejoindre Dieu. Je sais aussi que là-bas, je ne souffrirai plus. Je laisserai mon corps qui n'est qu'un cliché, une représentation, mais mon vrai Moi, mon Moi intérieur, vivra toujours. Je serai souvent près de toi.»

Parlant de la réincarnation, Flavio racontait: «Aujourd'hui, j'ai réalisé un de mes désirs. Ce qui est négatif, ce ne sont pas les désirs, mais c'est de s'attacher à eux, particulièrement quand quelqu'un s'approche de la mort. C'est bien de mourir sans désir. Quand quelqu'un a un désir très fort, il revient avec lui dans la vie suivante. Plus le désir est personnel, plus il est sûr qu'on aura à en porter le fardeau dans la prochaine vie.»

À huit ans, Flavio continuait: «Le niveau astral, côté positif, est la zone de purification des désirs. Au moment de la mort, les âmes traversent une porte pour aller à la Source. À ce niveau, il y a des êtres qui aident après la mort. Il faut respecter la porte. On ne doit pas appeler des êtres astraux parce qu'ils risqueraient d'obstruer le système.»

Il ajoutait alors: «Le niveau astral, côté négatif, est ce que les gens appellent "enfer". C'est le niveau où vont les gens qui ne savent pas qu'ils sont morts, ou ceux qui n'ont pas accompli leur mission, par exemple ceux qui se suicident. Ces êtres restent attachés au niveau physique, ce sont des âmes dans la confusion. Quand elles sortent de leur confusion et qu'elles comprennent leurs erreurs, elles passent au côté positif de l'astral et retournent à la Source. »

Concernant les fantômes, son frère Marcos expliquait au même âge : « Bien sûr que les fantômes existent. Je t'ai déjà dit qu'ils ne peuvent rien te faire, ils sont énergie sans matière. Ils peuvent seulement t'effrayer. Tu ne dois pas avoir peur d'eux mais plutôt de la peine. Ils sont comme un nuage avec une forme humaine. Ce sont des âmes qui ne savent pas retourner à Dieu. Les fantômes peuvent traverser les murs, mais ils ne peuvent pas te toucher. Ils n'ont pas de corps, mais ils ont un esprit. Ils ont de l'énergie mais pas de matière. Sais-tu ce qu'est la matière ? La matière se touche. Quand on meurt, on laisse son vêtement qui est le corps, mais parfois il reste le vêtement intérieur, qui se promène par là, flottant près de la terre ; il ne monte pas en haut. »

Ces propos rejoignent ceux de Régis Dutheil qui était médecin et professeur agrégé de physique, et qui estimait que le moi supérieur ou conscience totale, constitué de matière superlumineuse, doit persister après la mort biologique de l'être humain. Il ne s'agit pas de survie, mais d'un simple retour à la réalité fondamentale de l'être. Notre corps physique, avec tous ses organes, appartiendrait au monde sous-lumineux et notre conscience appartiendrait au monde superlumineux : « Notre corps est l'envers du vêtement dont l'endroit serait la conscience. Comment une poussière, située sur la doublure du vêtement, pourrait-elle imaginer que ce même vêtement possède un endroit ? La question se pose de la même manière pour les êtres humains. Ils ne peuvent observer leur conscience et le monde auquel elle appartient. La mort produit une sorte de renversement. Le corps physique disparaît, dans la mesure où les organes physiques, et particulièrement le cerveau, ne peuvent remplir leur rôle de filtre, et la conscience se retrouve libre de toute entrave. Le grain de poussière que nous sommes passe brutalement de la doublure du vêtement à son endroit en traversant le tissu du vêtement, c'est-à-dire le mur de la lumière. »

Cette théorie permet de mieux comprendre les déclarations de tous les sujets qui se sont approchés des portes de la mort et ont déclaré avoir aperçu une lumière extraordinaire. Cette lumière serait celle du mur qui sépare notre monde de l'univers superlumineux. Quant au professeur Itzhak Bentov, spécialiste de la recherche sur la conscience et partisan de la théorie holographique, il pense que le fameux tunnel, souvent traversé au cours d'une NDE, serait une zone de transition entre deux niveaux de conscience.

Mais ce qui est troublant est que Marcos Cabobianco et son frère Flavio n'ont jamais rencontré Régis Dutheil et n'ont pas, non plus, lu ses ouvrages. Pourtant, leurs propos sont parfaitement semblables à ceux du physicien.

À treize ans, Marcos raconta une expérience vécue dans une vie précédente, où il était mort, asphyxié par une fuite de gaz. Cela lui permit de remonter plus loin dans une autre vie encore, alors qu'il devait condamner un homme à mourir dans une chambre à gaz. Il n'était pas sûr de sa culpabilité, mais il n'avait pas su résister à la pression du jury : « Je le vis respirer, aspirer l'ultime bouffée d'oxygène, ensuite contenir sa respiration jusqu'à ne plus pouvoir et aspirer la bouffée de gaz mortelle. C'est pour cela que nous sommes revenus dans cette vie. Pour apprendre, pour sortir de cette loi de cause à effet, pour en fin de compte en terminer avec elle une bonne fois. »

Rébecca parle souvent d'un ailleurs qu'elle appelle « The world beyond » (le monde au-delà). Elle mentionne souvent celui qui fut son frère dans une autre vie.

À deux ans et demi, apercevant pour la première fois un vieux fourneau à charbon très perfectionné, elle expliqua à sa mère comment il fonctionnait et à quoi servaient tous les accessoires qui l'accompagnaient.

– Comment peux-tu savoir tout cela ? lui demanda sa mère.

– J'avais le même dans une autre vie.

Un jour, voyant une dame qui possédait une splendide chevelure cuivrée, elle s'approcha d'elle, toucha ses cheveux et déclara : « Ma mère dans une autre vie avait exactement la même couleur de cheveux. »

Elle est d'origine allemande mais, sans jamais l'avoir appris, elle comprend parfaitement l'anglais depuis qu'elle est née. Il en est de même pour les mathématiques : elle donne souvent des réponses exactes sans fournir d'explications à ses réponses. « Je sais, c'est tout », réplique-t-elle. Et quand on lui demande d'accomplir un nouveau geste, elle répond souvent : « Je ne l'ai jamais fait, mais je vais essayer. » Pour elle, ce « jamais » signifie : « même pas dans d'autres vies ».

Pour sa part, à l'âge de cinq ans, Robin commença à raconter de longues histoires dans un langage incompréhensible, mais qui semblait cependant tout à fait cohérent. Un jour, on lui fit rencontrer un spécialiste des langues orientales qui reconnut un dialecte utilisé au Tibet. Interrogé, l'enfant répondit qu'il avait appris cette langue à l'école. Comme sa mère lui faisait remarquer qu'il n'était encore jamais allé à l'école, Robin répondit : « Si, je suis allé à l'école avant. »

Alors que Dorothy essayait de déchiffrer des hiéroglyphes, sa mère lui fit remarquer : « Tu as beau savoir un peu lire, tu ne peux comprendre ce qui est écrit dans une langue que tu ne connais pas. » Et la petite fille, alors âgée de six ans, lui répondit : « Si, je la connais, mais je l'ai oubliée. »

Lorsque Déborah avait quatre ans, sa mère surprit une discussion entre elle et son frère, de deux ans son aîné. Déborah le priait d'être plus respectueux envers elle.

– Autrefois, tu ne me parlais pas sur ce ton quand j'étais ta mère !

Sa mère intervint alors.

– De quoi parles-tu ? Tu n'as jamais été la mère de ton frère !

– Si, autrefois, dans l'autre vie.

– De quelle autre vie parles-tu ?

– D'avant, quand j'étais sa mère et que papa était mon mari.

– Et moi, qu'est-ce que j'étais alors ?

– Tu n'étais pas là !

Or, Déborah adore sa mère et, si cette conversation était due au fruit de son imagination, il eût été normal qu'elle fît mention de sa mère et qu'elle lui trouvât un rôle à jouer dans cette famille d'une autre vie.

En marge des enfants *indigo*, que je préfère appeler enfants du troisième millénaire afin de ne pas les enfermer dans un concept réducteur, il existe depuis toujours des enfants qui ont surpris et surprennent encore le monde par leur précocité inexplicable. Ils semblent nés avec une connaissance exceptionnelle dans certains domaines, musique, littérature, sciences, et, en règle générale, dans toutes les disciplines de la pensée. La théorie de la réincarnation serait une réponse très satisfaisante aux questions que soulèvent ces dons.

Ainsi, Christian Heinrich Heinecken, né le 6 février 1721 à Lübeck, parlait couramment à l'âge de dix mois et apprenait déjà dans la *Bible* les enseignements de Moïse. À quinze mois, il s'intéressa à l'histoire mondiale, à trois ans, il apprit le français et le latin, (alors qu'il était danois), et commença à étudier l'histoire des religions, mais il mourut à l'âge de quatre ans.

Né à Hambourg en 1824, Johann Martin Zacharias Dase fut un calculateur prodige. À l'âge de quinze ans, ses dons étaient reconnus par tous et l'Académie de Hambourg aida financièrement ce précurseur des ordinateurs qui établit en un temps record des tables de logarithmes.

À trois ans, Frédéric Gaus traçait dans la poussière des figures géométriques et faisait des calculs savants.

Bien que privé de livres de mathématiques par son père qui voulait qu'il apprenne d'abord le latin et le grec, à douze ans, Pascal avait réinventé les mathématiques et était arrivé jusqu'à la trente-deuxième proposition du premier livre des *Éléments* d'Euclide. À seize ans, il écrivit un *Traité des sections coniques* qui étonna Descartes, et, à dix-huit ans, il inventa une machine à calculer.

À l'âge de dix ans, Alexis Claude Clairault (1713-1765) avait lu et compris des traités complexes de mathématiques. Vers le milieu de sa treizième année, il composa un mémoire sur *Les Propriétés de quelques courbes nouvelles* qui fut approuvé et imprimé par l'Académie des sciences dont il devint membre à l'âge de dix-huit ans.

Louis Lagrange (1736-1813) fut, dès son enfance, un extraordinaire génie mathématique et un esprit encyclopédique. Nommé professeur de mathématiques à l'École d'Artillerie alors qu'il n'avait pas seize ans, il employait ses rares loisirs à étudier l'histoire des religions, la métaphysique, la botanique et la musique.

Léonard Euler (1707-1783) est l'un des plus grands mathématiciens de tous les temps. Il feuilletait les ouvrages les plus complexes en quelques instants et pouvait réciter complètement tous les livres qu'il avait lus depuis son plus jeune âge. Il excellait également dans la physique, la chimie, la zoologie, la botanique, la géologie, la médecine, l'histoire, les littératures grecque et latine.

Ampère effectuait d'impressionnantes opérations de calcul mental et maîtrisait parfaitement le calcul différentiel à l'âge de douze ans. De son côté, l'illustre physicien anglais lord Kelvin (1829-1907) remporta, à l'âge de dix ans, un prix scientifique à l'université de Glasgow avec un essai sur la configuration de la Terre.

À trois ans, Brunswick calculait et résolvait des problèmes numériques.

José Comas Sola, astronome espagnol, écrivit son premier ouvrage d'astronomie à dix ans et il fit ses premières observations de la Lune et du Soleil ainsi que des taches solaires à l'âge de treize ans, avec la seule aide d'une petite lunette de 50 mm d'ouverture.

Shakuutuka Devi, née à Bengalore, en Inde, manifesta, dès l'âge de six ans, un stupéfiant génie mathématique, trouvant en quelques secondes les solutions des problèmes de calcul mental des plus compliqués. En 1967, à New York, devant une foule de spectateurs, elle réussit à donner les réponses plus rapidement qu'un ordinateur auquel elle fut confrontée.

L'évêque anglais Whately avouait qu'il eut, entre trois et quatre ans, un curieux don pour le calcul. Il parvenait à résoudre de tête les opérations les plus compliquées plus rapidement que des mathématiciens armés de crayons et de papier. Mais ce don disparut lorsqu'il fut en âge de fréquenter l'école où il se montra un piètre élève en calcul.

C'est toutefois parmi les musiciens que l'on peut trouver les enfants surdoués les plus précoces, alors qu'on sait qu'un enfant peut difficilement se concentrer plus de dix minutes et encore moins écouter ou retenir une partition qui dure parfois des heures.

Le cas le plus connu dans ce domaine est celui de Mozart qui, à l'âge de trois ans, commençait à jouer du piano. À quatre ans, il composa un concerto pour clavecin et montra qu'il savait jouer du violon sans l'avoir appris. À cinq ans, il composait déjà des pièces d'un style léger et charmant. À sept ans, il jouait en public à Vienne, Salzbourg, Venise, Londres, Paris, et soulevait partout l'enthousiasme. À huit ans, il publiait des sonates pour piano. À dix ans, il écrivait son premier opéra-comique, *La Finta semplice*, et un petit opéra bouffe, *Bastien et Bastienne*, que l'on joue encore actuellement. À treize ans, il était nommé chef d'orchestre à la Cour de Salzbourg, et, à seize ans, il donnait une preuve particulière de son extraordinaire talent musical en récrivant entièrement le *Miserere* d'Allegri à plusieurs voix, après l'avoir entendu deux ou trois fois seulement.

À cinq ans, Alicia de Larrocha, Arthur Rubinstein, Claudio Arrau, Georges Cziffra, donnaient leur premier récital de piano en public. Samson François obtint le 1er prix du Conservatoire à sept ans, tout comme Daniel Baremboim et Yves Nat.

Parmi les compositeurs, Haendel composa sa première œuvre à l'âge de huit ans, Beethoven sa première sonate à dix ans et Chopin sa première messe à douze ans. Gioacchino Rossini avait déjà composé six sonates pour instruments à cordes à douze ans, et à quatorze ans, son premier opéra *Demetrio et Polibio*.

À deux ans et demi, Camille Saint-Saëns décida d'apprendre à jouer du piano et il donna son premier récital à cinq ans. À onze ans, il obtient un triomphe à la salle Pleyel. Sa mémoire musicale était prodigieuse et il émerveilla Liszt par sa technique. De même Wagner admira sa façon de déchiffrer la partition d'orchestre de *Tristan*, exploit que peu de pianistes auraient pu accomplir.

Franz Liszt commença à jouer du piano à six ans et donna des concerts à huit ans.

À onze ans, Schubert avait déjà écrit des sonates, des symphonies, des opéras. Beethoven donna son premier concert à huit ans. À treize ans, il avait composé et publié trois sonates, considérées comme des chefs-d'œuvre.

À douze ans, Weber avait composé six symphonies, trois sonates, et un opéra. À quatorze ans, Mendelssohn avait écrit l'ouverture du *Songe d'une nuit d'été* et il avait composé quatre opéras.

Le plus précoce fut Grotch, qui commença à jouer du piano à deux ans et en 1779, âgé de trois ans et demi, il joua à Piccadilly ses compositions sur orgue.

Plus près de nous, en 1911, Willy Ferreros dirigea un orchestre alors qu'il était âgé de quatre ans et demi, et, en 1912, Paul Maigre, âgé de sept ans, conduisait l'orchestre Le Luth, tout en tenant le piano. Pietrino Gamba et Roberto Benzi dirigèrent en culottes courtes de grandes formations orchestrales avec une sûreté et une précision incomparables.

Quant aux peintres, Raphaël dessina certains de ses chefs-d'œuvre dès l'âge de huit ans et acquit sa célébrité à seize ans. Joseph Vernet commença à bien dessiner à quatre ans, Greuze à huit ans, Giotto et Van Dyck à dix ans, Michel-Ange à treize ans. Dürer, Titien, Rubens, Jordaens furent aussi très précoces. Notons que Picasso possédait entièrement sa technique et n'avait plus rien à apprendre des Académies à quatorze ans.

En littérature, les exemples d'enfants précoces sont également assez nombreux. C'est ainsi qu'au XVIe siècle, Jacques Grévin publia, alors qu'il était âgé de treize ans, une tragédie et deux comédies, bientôt suivies par d'autres œuvres.

François de Beauchâteau, né en 1645 de parents comédiens, fît paraître ses poésies alors qu'il était âgé de quatorze ans. Reçu à la Cour, le cardinal Mazarin lui offrit de riches cadeaux et une pension de cinq cents livres.

Goethe, qui, on le sait, fut un génie universel, écrivit et fit jouer des pièces de théâtre à six ans.

Les sœurs Brontë, Charlotte, Émily et Anne, écrivirent des romans vers l'âge de treize ans.

D'autres enfants prodiges, Henrich Heineken, Philippe Baratier, Kart Witte, Stuart Mill, M. Trombetti, apprirent très jeunes, parfois dès l'âge de deux ans, plusieurs langues étrangères.

Quant à Pic de la Mirandole, né en 1453, il se distingua par une étonnante précocité, l'universalité de ses connaissances et l'originalité de ses thèses philosophiques. Il parlait vingt-deux langues à l'âge de seize ans.

Daniel Tauvry, né à Laval en 1669, apprit le latin et le grec dès le berceau, soutint une thèse de logique à l'âge de neuf ans et demi et une thèse de philosophie l'année suivante. À quinze ans, il fut reçu docteur en médecine.

À l'âge de cinq ans, Bobby Gordon connaissait le nom des principales étoiles, et, en latin, celui des cent quatre-vingts constellations. À six ans, il écrivit un mémoire sur la constitution de l'atome. À sept ans, il commença ses études systématiques de chimie à la Western University, passa ses examens à dix ans. En 1950, âgé de onze ans, il soutint une thèse de chimie à la Western University qui lui valut d'obtenir le doctorat ès sciences.

Son cas n'est cependant pas unique à cette époque, puisqu'en 1956, le jeune Fred Safier fut admis, à l'âge de douze ans, à l'université Harvard, avant de devenir un savant atomiste. À onze ans, il donnait déjà des cours de chimie dans un collège. Sa distraction favorite était le jeu d'échecs dans lequel il excellait.

En 1962, Elmer Eder, alors âgé de quatre ans, comptait jusqu'à mille cinq cents. À sept ans, il connaissait le calcul intégral et différentiel. À neuf ans, il possédait parfaitement la théorie de la relativité restreinte d'Einstein et fit sa première conférence sur ce sujet à l'université d'Erlangen. À cet âge, il connaissait également les séries de Fourier et les éléments du calcul vectoriel.

Ainsi, le phénomène de précocité intellectuelle s'est toujours manifesté spontanément et nous ne pouvons que le constater. Il n'a sans doute rien à voir avec la nouvelle conscience des enfants *indigo*, mais nous l'avons cité par rapport à la théorie de la réincarnation qui représente une évidence pour ces enfants.

LE SENS DE LEUR ESSENCE DIVINE

« C'est seulement avec le cœur qu'on peut voir ;
ce qui est essentiel est invisible à l'œil nu. »

SAINT-EXUPÉRY
(Le Petit Prince)

Dès la naissance, ces enfants exceptionnels – mais qui le sont de moins en moins – affirment qu'ils sont enfants de Dieu. Ils expriment leur compassion pour tout ce qui vit sur Terre, hommes, animaux et plantes, et ne tolèrent ni cruauté, ni injustice. Ils ressentent le besoin d'être en contact avec la nature, de marcher, de respirer, de réfléchir dans la campagne. Ils ne sont pas le moins du monde matérialistes et pensent que leur mission est d'essayer de refaire le monde et de le rendre meilleur.

Ils évoquent fréquemment le cosmos, les étoiles, la Lumière.

« Je viens du Soleil », déclarait Flavio Cabobianco alors qu'il n'avait que trois ans. Plus tard, à huit ans, il ajouta à ses commentaires qu'il s'agissait non du Soleil physique, mais du soleil spirituel.

Anna entretenait, elle aussi, de très étroites relations avec Dieu auquel elle s'adressait bien souvent, mais l'idée d'un culte collectif heurtait ses convictions. Lorsque le curé lui demanda pourquoi elle n'allait pas à l'Église, elle lui répondit : « Parce que je sais tout ça. » Elle estimait qu'on pouvait se rendre à l'Église pour apprendre certaines choses, mais qu'une fois qu'on avait compris, il était inutile d'y revenir. « Puisque Dieu est partout, je ne vois pas pourquoi il faudrait se rendre dans un endroit particulier pour lui parler. »

Pour elle, il n'y avait qu'un seul Dieu malgré la différence des lieux de culte, les appellations données aux croyants, les rituels. « Nous jouons tous le même accord, mais avec des noms différents », expliquait-elle.

À neuf ans, née dans une famille catholique, Elga refusait de se confesser : « C'est à Dieu lui-même que je parle de mes péchés, pas au curé qui n'est qu'un homme, et même un homme qui ne sait pas grand-chose. » Elle disait également : « Le prêtre prétend que seuls les catholiques détiennent la vérité. Ce n'est pas vrai. Tout le monde détient une petite partie de la vérité, mais Dieu seul la détient toute. »

« Dieu est Dieu, quel que soit le nom qu'on lui donne. Mon ami Tahar l'appelle Allah, mais c'est toujours Dieu », constate Kevin (sept ans).

Rébecca tient le même discours : « Il ne peut y avoir différentes religions, il n'y en a qu'une. » Elle partage l'opinion d'Anna et a demandé plusieurs fois, en montrant une église : « Pourquoi les gens ont-ils besoin d'aller dans cette maison ? » Pour elle aussi, Dieu est partout et elle ne voit pas l'utilité de se rendre dans un lieu déterminé pour le rencontrer.

« Je viens d'autres mondes », déclare-t-elle. Elle voit, elle aussi, des anges et des entités, avec ou sans ailes. Elle converse également avec des elfes qui se trouveraient dans les palmiers de sa maison au Portugal.

Tous les *Indigo* semblent être en rapport avec le monde éthérique. Ils affirment souvent voir des anges ou d'autres créatures célestes auxquels ils s'adressent parfois comme s'ils étaient à côté d'eux, ou bien des décédés qu'ils décrivent avec précision.

Rodd parle souvent des anges qu'il aperçoit depuis qu'il est âgé de dix-huit mois, et les décrit avec précision.

Lorsque Carlotta était toute petite, elle faisait souvent allusion à un moine en robe safran avec lequel elle bavardait. Comme cette habitude ne passa pas en grandissant et qu'à neuf ans elle conversait encore avec cet être invisible, ses parents l'amenèrent voir un psychiatre qui ordonna des calmants. Carlotta n'en fit plus jamais mention, mais elle ne pardonna pas à ses parents leur manque de confiance en elle. Lorsqu'elle devint adulte, elle rencontra un voyant qui lui confirma qu'elle avait pour guide un lama tibétain.

À peine âgé de quatre ans, Marcos Cabobianco expliquait à son tour: «Les anges n'ont ni ailes, ni pieds, parfois ils jouent avec moi. Ils font des cercles dans l'air, des cercles de lumière. Ils ont comme un manteau blanc, brillant. Quand je suis avec eux, moi aussi je peux flotter, mais nous n'avons pas besoin d'ailes. Nous flottons parce que nous sommes d'air.»

Par contre, certains enfants prétendent qu'ils utilisent des «ailes» pour s'envoler vers d'autres mondes. Quoi qu'il en soit, nombre d'entre eux affirment qu'ils sont capables de sortir de leur corps pour aller se promener dans le cosmos et visiter des planètes lointaines.

Flavio disait souvent qu'au cours de la journée il était fatigué car la nuit il voyageait sur d'autres planètes. «Mon travail pendant que je dors est d'être un "informateur". Je transmets à des êtres d'autres mondes, par télépathie, des renseignements sur la Terre. Tout leur paraît très étonnant.»

Flavio rencontra d'autres enfants qui lui confièrent qu'ils étaient venus sur terre pour faire le même travail que lui. « Notre mission est d'aider au changement. La terre est en train de commencer à être moins physique, plus spirituelle. Certains disent que je vais me fermer au spirituel quand je serai plus grand, mais je ne le crois pas. Je sais que je ne peux rien oublier de ce qui est mon essence. »

Par la suite, à l'âge de neuf ans, il donna plus de précisions : « Avant de naître, je voyais tout, j'avais toutes les perspectives. Ma vision n'avait pas de limites, parce que je n'avais pas d'yeux physiques. C'était la première fois que j'étais aussi proche d'une planète aussi dense. Je m'étais préparé en passant par d'autres planètes où j'avais pu m'entraîner à cette dimension physique. C'était comme apprendre à écrire dans l'air sans utiliser de crayon. Mais ceci était une expérience très différente, très rare : j'allais avoir un corps de matière. J'apportais avec moi quelques données de base pour pouvoir être ici : oui et non, temps et espace. Ce monde est un monde d'opposition. »

Cependant Flavio se plaignait alors que la télépathie, la transmission directe par ondes mentales, ne fonctionne pas bien à cause de la densité de la Terre. « De plus, dans des lieux différents, on utilise des sons différents pour dire la même chose. C'est très compliqué. En outre, existe la gravité, qui est le poids qui nous maintient sur la Terre. Il faut faire des efforts pour se déplacer ; on est comme aplati et l'on ne peut pas voler. On peut seulement voler en rêves ou avec les ondes de la pensée. »

De son côté, à cinq ans, Anna signalait : « Ton âme, elle va pas loin le jour, parce qu'elle s'arrête à ce que tu vois. La nuit, c'est mieux. Ça étire ton âme jusqu'aux étoiles. Et ça, c'est très très loin. La nuit, rien ne t'empêche de sortir. C'est comme tes oreilles. Le jour il y a tellement de bruit que tu n'entends rien. »

Ces nouveaux enfants, spirituellement plus éveillés que ceux des générations précédentes, semblent posséder une conscience très différente de la nôtre. L'arrivée de cette nouvelle génération est liée à l'évolution de la conscience humaine et ces êtres du futur sont encore en décalage, car ils se sont incarnés sur une planète dont les habitants, du moins ceux des pays dits « évolués », fonctionnent encore comme à l'époque où la science leur enseignait qu'ils étaient le centre du monde, arrivés sur la terre par le plus grand des « hasards ». Évidemment, pour cette science, la conscience n'est qu'un produit du cerveau, ce que nient en masse les *Indigo*.

« Les gens devraient devenir plus sages en vieillissant, mais c'est le contraire », déplorait Anna.

À cinq ans, elle remarquait : « Les gens ne peuvent aimer que le dehors et embrasser le dehors, mais Dieu, il peut aimer le dedans, il peut nous embrasser du dedans. Dieu n'est pas comme nous ; nous sommes un peu comme Lui, mais pas beaucoup encore. Dieu connaît les choses et les gens du dedans, et nous, nous les connaissons du dehors. Alors les gens ne peuvent pas parler à Dieu du dehors. On ne peut lui parler que quand on est dedans, du dedans de lui. Tout le monde a un point de vue, le sien, mais Dieu n'en a pas. Dieu a vu sur une infinité de points. »

On retrouve ici l'enseignement de la *Bhagavad-Gîta*, qu'Anna n'a, évidemment, jamais lue : « Tu portes en toi un ami sublime que tu ne connais pas, car Dieu réside dans l'intérieur de tout homme, mais bien peu savent le trouver. »

À huit ans, Flavio Cabobianco tenait des propos très proches lorsqu'il expliquait sa façon de voir le monde : « Les humains apprennent à utiliser un seul point de vue : le quotidien qui sert pour le physique et pour vivre en société. En jouant, les enfants pratiquent cette réalité. Rester ouvert, c'est permettre d'autres points de vue. Par exemple, le point de vue extérieur consiste à “voir” de l’extérieur de la Terre, et plus encore de la partie manifestée de l’Univers. Le point de vue central consiste à voir depuis le noyau, essence énergétique de Dieu. Le point de vue intérieur consiste à “regarder” depuis le noyau interne de son être propre, et voir le noyau des autres êtres.

« On ne fait pratiquer aux enfants que le point de vue quotidien. De cette façon, ils limitent l’usage de leurs ondes mentales et apprennent à se concentrer sur le plan physique. C’est comme utiliser à peine une toute petite partie d’un ordinateur. Une fois qu’ils sont programmés de cette façon, il leur est très difficile de se rouvrir. Il faut beaucoup de patience ensuite pour rétablir le contact spirituel. »

Les *Indigo* voient souvent les auras et les décrivent avec précision. Âgé de quatre ans, Marcos Cabobianco expliquait : « Sais-tu que les anges ont des cheveux violets et que tout est violet autour ? Tous les gens ont des couleurs autour. Certaines couleurs sont belles et d’autres sont tristes, ça dépend comment est la personne. »

On communique facilement avec ces enfants en utilisant des images mentales, des métaphores visuelles. Certains se réfèrent à une petite voix intérieure qui leur dicte leur conduite.

« Tu me demandes de jouer avec Jean et tu dis qu’il est très gentil, mais la petite voix qui me parle dit le contraire », répondit Gaël (cinq ans) à sa mère qui lui conseillait de jouer avec le fils d’une amie.

Lee Carroll raconte qu’alors que le père du petit Zacharie demandait à son fils de ranger ses jouets, l’enfant lui répondit : « Pas maintenant, papa. Je discute avec mon Soi supérieur et je n’ai pas encore terminé. » Lorsque cet enfant explique à ses parents des choses qu’il ne peut avoir apprises à l’école, et qu’on lui demande comment il connaît ces détails, il répond simplement : « Je le sais, c’est tout. »

Cette réponse est classique chez les *Indigo*. Ils «savent» c'est tout.

Certains de ces enfants parlent très tardivement, ce qui laisse leurs parents craindre l'autisme. Or, la plupart du temps, les tests pour déceler un handicap physique sont négatifs. L'enfant ne parle pas car il communique avec sa famille par télépathie, lisant dans la pensée et envoyant des messages de la même manière. Il capte les émotions ressenties par son entourage.

La petite Éva n'a pas parlé jusqu'à l'âge de dix ans. Ses parents et ses médecins la croyaient autiste. Soudain, à cet âge, elle s'est mise à parler très savamment et rattrapa les enfants de son âge de manière surprenante. Elle expliqua alors qu'elle s'était enfermée dans son mutisme parce qu'elle «n'avait rien d'intéressant à raconter» avant cette époque.

Parmi tous les *Indigo* connus – car il doit en exister de nombreux non répertoriés – ce sont les deux frères argentins Cabobianco qui sont les plus surprenants par leurs propos. Leur père, Omar Nestor, avoue:

«Peu à peu, je comprends que les deux enfants ont un noyau de sagesse intérieure en commun, mais des fonctions différentes. Sans aucun doute, c'est Flavio le porte-parole. Sa mission, comme il le dit, est de transmettre l'information sur la réalité spirituelle. Il perçoit toujours avec exactitude, sans se tromper, quand, où, et avec qui il peut s'exprimer en toute liberté. Éduquer mes enfants et à la fois apprendre d'eux est une expérience difficile mais passionnante. Mes conceptions sur la réalité ont subi une véritable révolution. Je grandis avec mes enfants. Cependant, en dépit de leur lumière intérieure, ils ont besoin de moi pour les orienter dans le plan concret et quotidien ou, comme ils disent, dans leur expérience avec le "dense". Je suis sûr que beaucoup d'enfants sont comme Marcos et Flavio, attendant seulement la possibilité d'une attitude ouverte pour pouvoir l'exprimer, pour ne plus avoir à perdre leur connexion avec la lumière. »

À trois ans, son fils Marcos déclarait : « Moi, je vois les yeux fermés. Je vois Dieu, mais Dieu n'a pas de corps. Il n'a pas de bouche, mais il parle. Il est dans toutes les choses, il est aussi dans la nourriture. Il est dans l'air. Il est à l'intérieur des gens, et aussi à l'intérieur des voleurs, même s'ils sont méchants. Ils sont méchants parce qu'ils ne savent pas qu'ils ont Dieu à l'intérieur d'eux. Ils ne le sentent pas. Et Dieu est aussi dans les animaux. Même dans les rats. »

Il disait à la même époque : « Je ne crois pas au ciel et à l'enfer dont parle grand-mère. »

À quatre ans, il persistait à contester les dires de sa grand-mère : « Grand-mère dit que Jésus est Dieu. Elle ne comprend pas que Dieu est Tout. Jésus est un être humain, mais bien sûr un être humain différent… Je sais que Jésus vient de Sirius, qui est l'étoile de la volonté et de l'amour. »

Il ajoutait : « Parfois, je m'en vais lorsque je m'endors. Je vais avec Dieu. Je vais comme une fusée dans les étoiles, et je suis avec Dieu. Mais c'est difficile à expliquer parce que c'est un Dieu qui est au-delà des mots. Je sens quelque chose dans le cœur, dans l'âme, mais il n'y a pas de mots. »

À six ans, il racontait ses voyages nocturnes et ses liens avec des êtres angéliques. « Quand j'étais petit, je croyais que pour aller à Dieu, j'allais avec mon corps et tout. Maintenant, je sais que j'y vais en flottant avec l'âme. Je peux aussi aller avec Dieu quand je suis réveillé. Je ferme les yeux, je dessine une petite porte magique et je pars en haut dans le ciel, dans les étoiles, jusqu'à Dieu. »

Dès l'âge de trois ans, son frère Flavio prit la relève et fit, à son tour, part de sa vision du cosmos. Sa mère a noté toutes ses réflexions, comme elle notait déjà celles de son fils aîné.

À six ans, il précisait : « Il y a des mots qui existent seulement sur cette planète tellement physique, comme le mot néant et le mot mort. Le mot néant en lui-même ne peut exister. Il peut exister rien de quelque chose, mais rien de rien n'a pas de sens, parce que toujours existe Dieu. Jamais quelque chose de Dieu ne peut disparaître ou ne pas exister. Le néant est impossible, et aussi rien n'est impossible. Si tu dis à un être très spirituel, à un ange par exemple, que certains humains croient au néant, il ne peut pas comprendre ; il se rend compte que ces humains sont très ignorants. »

À onze ans, Marcos déclara : « Dès que mon frère Flavio est né, j'ai su que nous avions une mission à remplir. Mon travail fut de lui expliquer les lois de ce monde. »

Jean Spinetta, qui, en 1992, a traduit en français les cahiers de Flavio, l'a rencontré pour la première fois en 1991, en Argentine. Une amie voulait absolument lui faire connaître cet enfant qu'elle considérait comme exceptionnel. La mère de Flavio les reçut et commença à leur raconter certaines des théories philosophiques véhiculées par son fils. « À un certain moment, un concept me parut un peu obscur, raconte-t-il. Elle fit appeler Flavio. Un enfant assez chétif apparut. Je fus frappé par son immense front et son regard pétillant d'intelligence et en même temps lointain. Sa mère lui demanda de préciser certaines affirmations d'ordre métaphysique que j'avais trouvées un peu embrouillées. Le visage de Flavio s'anima et, avec une clarté stupéfiante pour un enfant de son âge, il commença à expliquer le concept. »

Flavio répondit à ses questions d'une manière détaillée et totalement personnelle, et Jean Spinetta fut à même de vérifier qu'il ne s'agissait pas de notions intellectuelles apprises auprès d'autres personnes. C'était sa pensée strictement personnelle qu'il exposait. « Certaines réponses étaient à ce point remarquables que je ne les avais jamais trouvées dans aucun livre auparavant, notamment une démonstration sur la notion de déterminisme et de libre arbitre. »

Craignant de fatiguer l'enfant par l'abondance des questions qu'il lui posait, Jean Spinetta suggéra d'interrompre leur entretien. Flavio s'écria : « Oh non, s'il vous plaît, cela me fait tellement de bien de parler de ces choses, je n'en ai pas souvent l'occasion. »

En mars 1992, Jean Spinetta fit un nouveau voyage pour rencontrer Flavio et habita deux jours chez ses parents. « C'est un enfant adorable, extrêmement affectueux et très bien adapté à la vie quotidienne que je pus observer. Son frère, Marcos, est aussi un bon exemple d'équilibre et de créativité. Nous eûmes tous trois une conversation sur l'astrologie. Ils en avaient incroyablement incorporé le symbolisme qu'ils reliaient à des exemples de la vie quotidienne. »

Jean Spinetta a insisté sur le fait que Flavio s'insurge très souvent contre ceux qui voudraient en faire un surdoué et affirme avec véhémence qu'il est un enfant normal.

« Il a raison. Il est tel que chacun de nous devrait être. Il est en même temps un exemple pour tous les enfants, pour tous les jeunes et tous les êtres humains qui aspirent à développer le plus haut potentiel dans leur existence. Et il préfigure l'être humain de demain. »

On trouve chez de nombreux *Indigo* âgés de trois à cinq ans de longs discours sur l'impermanence des choses, la physique quantique, les atomes, ce qui n'est aucunement « normal » à cet âge.

Il est possible que ces enfants soient les précurseurs d'une nouvelle science et d'une nouvelle vision du monde et qu'ils participent déjà, sans en mesurer l'ampleur, à un mouvement qui sera peut-être considéré dans l'avenir comme l'un des plus importants de l'histoire de l'humanité car il risque de changer la manière de penser et le comportement de plusieurs milliards d'individus. Seraient-ils descendus sur terre pour aider l'humanité à évoluer ? Ont-ils été choisis pour remplir la mission de sauver la planète ? S'ils doivent jouer un rôle essentiel dans les années à venir, en connaissent-ils l'urgence et la finalité ?

Toujours est-il qu'ils portent en eux l'espoir d'une vie meilleure, emplie d'amour et non de haine.

À cinq ans, Flavio expliquait déjà : « La haine, c'est de l'amour comprimé. L'amour, par contre, n'est ni accumulé ni séparé, il est normal. »

EST-CE UN PHÉNOMÈNE TELLEMENT RÉCENT ?

« Si elle veut sauvegarder son contenu philosophique, une science doit connaître ses limites. Les découvertes sensationnelles sur les propriétés des phénomènes naturels isolés ne sont possibles qu'à la condition de ne pas définir à l'avance la nature générale de ces phénomènes. »

Werner HEISENBERG
(La Nature dans la physique contemporaine)

D'après les spécialistes, cette émergence d'enfants *indigo* semble très récente, mais, qu'elle date des années soixante-dix, quatre-vingt ou quatre-vingt-neuf, le critère *indigo* ne limite pas l'évolution actuelle d'une partie de l'humanité, qu'elle soit jeune ou moins jeune.

Des enfants qu'on qualifierait actuellement d'*Indigo* se sont certainement incarnés bien avant notre époque. La vie étant un long processus, ce genre de phénomène survient généralement par poussées linéaires et il est probable que ces enfants ont commencé à venir au monde il y a plusieurs décennies, mais en si petit nombre toutefois qu'ils sont passés inaperçus.

De tout temps il a existé des précurseurs et nombreux sont les adultes qui présentent des caractéristiques identiques à celles de ces enfants. Peu importe que ces gens soient ou non des *Indigo*, peu importe la couleur de leurs auras, ils œuvrent pour un changement de paradigme et c'est cela l'essentiel. Le seul détail intéressant est que, de nos jours, ces précurseurs se manifestent en nombre exponentiel.

Astrologiquement, lors de la Nouvelle Lune de novembre 1983, s'est produite une grande concentration de planètes entre les constellations du Scorpion et du Sagittaire, alignement qui n'avait encore jamais été vu dans le ciel car les astrologues de l'Antiquité ne connaissaient pas la plupart des planètes en cause, et seuls les ordinateurs sont capables de réaliser de tels calculs astronomiques. Mais, à présent, ces calculs montrent que cette grande concentration s'est déjà produite à d'autres époques, telle la Renaissance italienne qui a vu naître de nombreux personnages dont les thèmes de naissance présentaient les mêmes caractéristiques que ceux des enfants nés entre 1983 et 1997.

Cette précédente concentration a présidé à la naissance d'individus dont les thèmes montrent des aspects dynamiques et novateurs, et qui furent doués pour transcender les peurs et les limites de leur époque afin d'engendrer collectivement un monde nouveau.

L'astrologue Irène Andrieu s'est particulièrement penchée sur cet alignement de 1983. « Tandis que je continuais à travailler sur cette étude, j'ai vu naître et grandir ces enfants de la grande concentration. Ils représentaient la réalité de ce qu'aucune carte astrologique ne pouvait montrer. Ils étaient la preuve vivante de la cohérence entre les tendances des grands événements et celles des hommes et des femmes nés durant la même période. Tout se passe comme si l'histoire d'un instant devenait l'histoire de leur vie. Il leur appartenait d'en prolonger ou d'en transformer le sens à travers leurs propres réalisations individuelles et collectives.» (Cf. *Histoire des enfants de l'an 2000*, paru aux Éditions du Rocher.)

Pour elle, tous les individus nés durant ces quinze années de la grande concentration vont réagir globalement, à certains moments de leur vie, aux mêmes types d'impulsions. Ils sont sollicités par leurs planètes natales. «Nous pouvons nous demander pourquoi nos enfants disposent d'un destin si particulier, comme s'ils s'étaient donnés rendez-vous pour vivre ensemble une grande étape de l'humanité. Car des individus porteurs de configurations si rares semblent bien appelés à bouleverser l'histoire du monde.»

Pour Irène Andrieu, il semble bien exister un projet collectif d'évolution sur la Terre, mais il nous appartient d'en prendre conscience et d'y participer. L'étude des cycles répétitifs lui a montré qu'il a existé des périodes où le niveau de conscience sociale et intellectuelle était égal ou supérieur au nôtre, mais il a connu ensuite de graves rechutes dans la barbarie.

«La grande concentration qui nous concerne s'étend sur une période critique de quinze années. Les enfants qui en sont porteurs dans leur thème de naissance se comptent déjà par centaines de millions. On peut comprendre que beaucoup d'entre eux ne sortiront pas de la masse pour se forger un destin exceptionnel, mais qu'ils en seront tous plus ou moins marqués. [...] On peut penser que certains enfants qui ont vu le jour durant cette période marqueront fortement de leur empreinte l'histoire des quatre prochains siècles. Car autant de naissances de personnalités cohérentes entre elles sur le plan du comportement et des directions d'esprit doivent nécessairement induire des transformations qui concerneront tous les êtres humains sans exception. La grande concentration actuelle est trop rare pour que l'époque ne laisse pas de traces significatives dans l'histoire. »

Ceux qu'on pourrait considérer comme les précurseurs des *Indigo* n'ont pas hésité à se démarquer des institutions pré-formatées et obsolètes qui nous gouvernent et qui, pour le malheur de la planète, gèrent nos vies.

Autrefois, ces précurseurs étaient des êtres d'exception, ils représentaient un phénomène marginal qui suscitait peu d'éveils de conscience parmi la masse environnante. Ils étaient, au mieux, qualifiés d'originaux, au pire de fous, voire de débiles mentaux, par notre raison raisonnante et notre science qui croit tout savoir. Il est heureux que ces êtres singuliers se multiplient et qu'une nouvelle génération prenne la relève, à notre époque où nous devons choisir entre la survie de la Terre et le pillage quotidien de ses richesses pour un « mieux être » bien aléatoire, promis par une minorité inconsciente mais bien plus puissante.

L'important est que ces enfants soient en parfait accord avec le chef indien Luther Standing Bear qui disait : « L'homme qui s'est assis sur le seuil de son tipi, pour méditer sur la vie et son sens, a su accepter une filiation commune à toutes les créatures et a reconnu l'unité de l'Univers ; en cela il infusait à son être l'essence même de l'humanité. Quand l'homme abandonne cette forme de développement, il ralentit son perfectionnement. »

Il est donc grand temps de retrouver notre filiation et de poursuivre notre développement, notre évolution.

DEUXIÈME PARTIE

LA FIN D'UN MONDE

LA MANIPULATION MÉDIATIQUE

« Notre travail consiste à donner au peuple, non ce qu'il réclame, mais ce que nous décidons qu'il faut lui donner. »

Richard SALENT
(Ancien président de CBS News)

Comme nous l'avons signalé plus haut, d'après le Dr Breggin : « Ce ne sont pas les enfants qui ont des problèmes, mais le monde dans lequel ils vivent. »

Chaque jour, les médias nous répètent que notre vie n'a jamais été si agréable, si saine, si riche, si longue, alors que la vérité est tout autre. On nous parle souvent de manipulation génétique, mais qu'en est-il de la manipulation médiatique dont on ne parle jamais, et qui distille pourtant la désinformation à chaque seconde et partout sur la planète ?

Cela vient en grande partie du fait que notre civilisation actuelle est basée sur le mensonge, l'intrigue et le profit ; chacun est manipulé et manipule à son tour les autres.

Chaque jour, nous apprenons qu'un principe, considéré comme irréfutable pendant très longtemps, était erroné. Nous sommes noyés par une marée d'informations contradictoires parmi lesquelles il est difficile de trier le vrai du faux. Et comme la plupart des gens ont la mémoire courte, ils oublient aisément ce qu'on leur avait annoncé peu de temps auparavant, aussi bien les engagements électoraux que les promesses scientifiques d'un monde parfait, amélioré par la main de l'homme. Ils ignorent également des contradictions tellement énormes qu'elles aveuglent ceux qui croient encore à cette « vérité scientifique » ou à la « vérité politique ».

La grande majorité de l'humanité persiste à gober toutes les belles paroles qu'on lui distille par le biais des médias et les promesses des lendemains sans nuages. « Dormez tranquilles, citoyens, sous l'égide de la "science", les pouvoirs multiples veillent sur nous, faites-nous confiance. » Fort heureusement, cette confiance commence à s'émousser, mais bien peu encore.

On déguise l'information, non seulement pour cacher des intérêts colossaux, mais aussi parce que le pouvoir nous considère, hélas souvent à juste titre, comme des irresponsables que l'on neutralise par de belles paroles. Il suffit, pour en juger, d'allumer la télévision ou, tout simplement, d'écouter les discours lénifiants de nos dirigeants qui s'adressent à nous comme des maîtres à leurs élèves les moins doués. Ces derniers temps, nous sommes même arrivés à élire, dans certains pays pourtant réputés libéraux, des dirigeants qui sont bien loin de représenter les aspirations de leurs administrés.

De surcroît, dans cette société de compétition, la violence fait rage et la peur est devenue quotidienne : peur de la vie, de la mort, de la maladie, du chômage, de l'inconnu, de la différence. Avec cette peur, nous avons oublié l'amour, au sens noble du mot, car nous sommes entrés dans une ère de guerre. Nous trouvons toujours un ennemi à combattre : microbes, virus, insectes, « mauvaises » herbes, « mauvais » gènes, et même « l'autre », lorsqu'il nous semble différent de ce qui est admis et admissible.

Chaque jour, tout en ressassant les progrès scientifiques, économiques et sociaux de notre époque qui devraient logiquement nous apporter le bonheur et la sécurité, les médias instillent puis entretiennent la peur chez les citoyens : angoisses sociales et médicales, crainte du cancer, du sida ou du cholestérol, et, plus que tout, peur de la vieillesse et de la mort.

Notre médecine, à la fois moderne et archaïque, engendre sans cesse de nouvelles maladies sans pour autant toujours guérir celles qui existent déjà, nos gouvernements promulguent des lois trop souvent iniques qui aliènent de plus en plus nos libertés, nos études s'apparentent à un lavage de cerveau, et les médias qui s'autocensurent diffusent impunément des contrevérités.

On nous répète que nous sommes continuellement menacés par des facteurs extérieurs, que nos vies ressemblent à un parcours semé d'embûches et de catastrophes programmées contre lesquelles nous devons être bien assurés – heureusement, nos gouvernements sont là et nous protègent –, et l'on s'étonne ensuite de la triste mine affichée par les peuples dits civilisés, et particulièrement les Français.

En revanche, les vrais dangers, ceux qui devraient affoler ou, tout au moins, faire réfléchir les citoyens, sont presque toujours passés sous silence ou à peine survolés. Ainsi, on évoque trop rarement les risques liés à l'exploitation abusive de la planète par une poignée d'individus fous dangereux qui se moquent des déchets nucléaires et de la pollution mondiale, ou qui jouent aux apprentis sorciers avec le clonage, la génétique et les virus.

Depuis plus de trente ans, nous sommes entrés dans une crise mondiale qui n'a rien à voir avec la seule économie qui dirige les habitants de notre planète et que l'on évoque chaque fois que sévit une crise profonde. Cette crise est d'une ampleur exceptionnelle, apparemment jamais vue dans l'histoire de l'humanité. Elle concerne tous les aspects de notre existence, nos relations sociales et internationales, nos moyens d'existence, notre qualité de vie, notre environnement, notre santé, l'éducation de nos enfants. Elle est à la fois matérielle, psychologique et spirituelle.

Une partie de la population du globe meurt de trop manger, l'autre partie meurt de faim. La surpopulation et les technologies industrielles participent à une irréversible dégradation de l'environnement. Ces industries lancent sur le marché mondial plus d'un millier de nouveaux produits chimiques par an qui polluent la terre, l'air, l'eau et notre santé évidemment.

De graves pathologies sociales se sont multipliées ces dernières années de manière affolante : violence incontrôlable, crimes, suicides, particulièrement chez les jeunes. Notre santé ne va guère mieux et les pathologies médicales sont en pleine expansion.

L'économie mondiale n'est guère plus brillante, le chômage est devenu le mal du siècle, l'inflation galope et les richesses sont très injustement partagées, la paupérisation gagne du terrain. En outre, les spécialistes de ces fléaux se montrent impuissants à les juguler et même à les comprendre.

Les économistes ne sont plus capables de gérer les catastrophes économiques, les médecins sont désemparés devant de nouvelles maladies émergeantes, les psychiatres ne comprennent plus les actions violentes de certains individus « normaux » en apparence, la police est incapable de prévenir les crimes, les viols et toutes sortes de terrorisme.

En outre, sur le plan humain, ne vivons-nous pas un retour à la barbarie ? Autrefois, lorsqu'il n'était pas encore « civilisé », l'homme tuait pour se nourrir ou survivre ; à présent, il tue, sans aucun état d'âme malgré son « évolution », pour relancer l'économie, conquérir des marchés, imposer ses idées ou sa religion, ou même, parfois, par simple plaisir. Voir à ce sujet la tauromachie ou les chasses au cours desquelles on massacre des animaux élevés en cage et lâchés dans la nature la veille de l'ouverture, car le gibier sauvage est devenu trop rare dans certaines régions. Les hommes « primitifs » savaient épargner le gibier à certaines époques et dans certaines régions, afin de le voir perdurer.

« L'homme se grandirait en étant moins violent. Il pourrait enfin sortir de la préhistoire », disait Théodore Monod.

Cette dégradation de notre qualité de vie vient, en grande partie, de notre vision fragmentée du monde et de la courte vue de l'humanité actuelle.

Coupés de nos racines, baignant dans la pollution chimique et électromagnétique, interconnectés avec un inextricable réseau d'informations et de surveillance, nous sommes menacés d'apocalypse. Notre civilisation prométhéenne est aussi capable de s'autodétruire que de créer grâce au génie génétique, qui n'a de génial que le nom, alors qu'autrefois ce pouvoir de création et de destruction était réservé aux forces suprêmes que certains appellent Dieu et qui, de toute manière, nous dépassent.

Pour survivre dans notre monde hostile, l'homme doit s'imposer par la force et l'argent. Il doit rester le meilleur : toujours jeune, toujours beau, toujours riche. Sa « réussite » sociale et ses désirs, toujours plus ambitieux et de plus en plus inassouvis, ne lui laissent jamais le temps d'être à l'écoute de lui-même. En fait, il évite toute réflexion sur les vérités fondamentales et les vraies questions existentielles. Les actuelles conditions de vie ont plongé les hommes, spécialement ceux qui habitent les grandes cités, dans un état de délabrement psychologique alarmant. Il suffit, pour en juger, de connaître la quantité d'antidépresseurs absorbés par la population de nos pays riches. Cette situation aberrante est significative de notre décadence et de l'échec de notre société.

De nos jours, on consomme des tranquillisants à la moindre contrariété, soit parce qu'on ne supporte plus son conjoint ou parce que l'on n'a plus envie d'être, chaque jour, confronté à un travail fastidieux, soit parce qu'on ne se supporte plus soi-même sans oser se l'avouer. Il faut souligner que la France détient le triste record du monde de la consommation de ces drogues et se maintient sans peine en tête du peloton.

Face à cette conjoncture, nous devrions développer toutes nos défenses naturelles inhibées par notre médiocre qualité de vie afin de recouvrer la santé morale et physique, et surtout notre véritable personnalité.

De son temps, Anatole France avait souligné que « le courage le plus rare est le courage de penser ». Depuis cette époque, la situation a empiré car, non seulement nous ne pensons pas par nous-mêmes, mais la « société » pense pour nous et personne ne s'en plaint, préférant cette solution de facilité. Pourtant chacun peut constater aisément l'ampleur des dégâts et la faillite de notre civilisation.

Jacqueline Bousquet, docteur ès sciences, chercheur honoraire au CNRS, dénonce cet aveuglement : « Qui d'entre nous sait que le cerveau primitif, l'hypothalamus, responsable de notre vie végétative, n'est pas capable de discrimination et croit aveuglément ce que lui disent les organes des sens par l'intermédiaire du mental conscient ? Cela prouve que ce que nous croyons profondément s'imprime dans notre corps, souvent même à notre insu, et qu'à défaut de penser par nous-mêmes, nous permettons souvent aux autres de penser pour nous. Et si nous changions cela ? »

Pour penser « juste » de nos jours, il faut penser comme les autres, même si les autres sont loin d'être des modèles du genre et que leur pensée est pasteurisée et standardisée. Entrer dans le « moule », s'identifier aux « normes », est le but, avoué ou non, de la plus grande partie de l'humanité.

Il y a bien longtemps, Sénèque constatait : « C'est une erreur de vivre selon le mode d'autrui et de faire une chose uniquement parce que d'autres la font. » C'est sûrement une erreur, mais elle se perpétue et finit par devenir vérité aux yeux de certains.

Depuis cette époque, la situation s'est beaucoup dégradée, et il devient à présent impératif de réagir contre cette « médiocratie » dont parlait si bien Arthur Koestler, d'essayer de briser les chaînes que le pouvoir et la société nous ont imposées, et de rejeter tous les systèmes qui amoindrissent l'individualité. Pour cela, nous devons accepter de sacrifier notre mode de vie lénifiant qui est une drogue au même titre que l'alcool ou les barbituriques.

L'homme est le produit de son milieu, de l'éducation qu'il a reçue, des habitudes et des pensées de la société dont il fait partie. Il obéit aveuglément aux lois que le pouvoir lui impose, aux normes d'une morale instituée par la société. À notre époque, il est même parvenu à étouffer ses velléités, à aligner ses goûts, littéraires, picturaux ou musicaux, sur les modèles qui lui sont proposés, craignant trop souvent d'avouer sa véritable pensée au risque de paraître original, donc « anormal ».

Paradoxalement, isolé dans une foule sans cesse plus dense et plus anonyme, l'homme se retrouve totalement conditionné par notre société de consommation et le chant de ses sirènes. Ses rares loisirs sont accaparés par la télévision, la radio ou les journaux qui manipulent l'information et le coupent du monde réel. C'est ainsi que chacun, trop occupé par lui-même, n'a plus le temps de s'occuper de l'autre, oubliant trop souvent que nous ne sommes pas des individus isolés mais une partie de l'espèce humaine, qui est elle-même une partie du cosmos.

Nos valeurs actuelles sont purement individualistes et le but de ceux qui veulent se distinguer de la masse se limite à être reconnus, remarqués, sans essayer pour cela d'être remarquables. Dans notre monde de compétition, notre « Moi-Je » oublie les vraies valeurs, le vrai bonheur, le vrai amour, et méprise les points de repère moraux ou religieux qui motivaient nos ancêtres et donnaient un sens à leur existence. Seuls, quelques rares individus dotés d'une forte personnalité, osent se démarquer de cette lamentable conformité.

Il serait grand temps de changer cette façon d'agir. Tout en tirant le plus grand profit des découvertes réelles et bienfaisantes de la science, nous devrions essayer de les observer dans leur contexte éthique, philosophique et psychologique, car nos besoins spirituels sont aussi exigeants que ceux de notre corps. Refusons de sacrifier notre dignité humaine à l'intérêt économique, notre liberté de penser à l'appât du gain et du pouvoir, et notre vie quotidienne au « qu'en dira-t-on ».

À ce sujet, dans son ouvrage *La Dignité humaine*, Pic de la Mirandole, qui a consacré sa courte mais riche vie à prôner la concorde par le respect de l'autre, disait : « Nous sommes nés capables de devenir ce que nous voulons. » Cet esprit supérieur, né pendant la Renaissance sous une Grande Constellation, fait partie de ces êtres venus au monde pour servir de guide à l'humanité. On peut sans doute le considérer comme un précurseur des *Indigo* qui professent cette supériorité de l'esprit sur la matière.

Au XVIe siècle, la science avait ressenti, à juste raison, le besoin de devenir autonome par rapport à la religion afin de progresser sans obstruction et en toute liberté d'idées, sans impératif religieux et dogmatique, mais son développement a été tel que le problème inverse se pose actuellement. S'étant, peu à peu, substituée à la religion et à la philosophie, la science domine et dirige l'évolution de notre société matérialiste.

Autrefois, la science inventait les techniques pour vérifier ses postulats, alors que de nos jours, elle est devenue un pouvoir manipulateur et essentiellement technique qui stagne au niveau de la plus basse réalité, dédaignant tout ce qui la dépasse, tout ce qu'elle ne peut expliquer matériellement. Ce pouvoir terrifiant s'érige en référence, en maître absolu, décidant ce qui est possible et ce qui ne l'est pas et fermant les yeux sur de véritables aberrations afin de ne pas remettre en question toute sa façon de penser et tous ses dogmes.

Aussi, nous devons nous réjouir de constater que les *Indigo* osent défier ces dogmes, ces idées colportées de génération en génération sans aucune remise en cause, qu'ils aient assez de personnalité pour penser par eux-mêmes sans influence extérieure, et que leur ambition majeure soit de « sauver la Planète » qui est à l'agonie.

LA SURVIE DE LA TERRE

« Sous la roue, qui sans fin poursuit sa ronde,
Deux sortes de gens vivent sans tourment :
Ceux qui savent les secrets du monde,
Et ceux qui les ignorent totalement. »

Omar KHAYYAM

De très nombreuses prophéties venant de traditions différentes, s'accordent pour annoncer, dans un avenir très proche, la fin de nos valeurs, l'effondrement des religions, ainsi que des bouleversements qui affecteraient nos perceptions actuelles, nos manières de voir, de penser et de réagir.

Joachim de Flore, moine cistercien du XIIe siècle, annonçait pour notre époque « l'entrée dans le temps de l'Esprit ». Edgar Cayce avertissait à son tour que nous allions subir de grands changements au début de ce siècle. Quant à Jean XXIII, citant les prophéties de Malachie, il prédisait que la chrétienté disparaîtrait en 2033.

Les Indiens Hopis présagent l'avènement d'une nouvelle humanité où l'homme sera relié aux forces de l'Univers, comme le prévoient depuis longtemps les Inuits d'Alaska, les Maoris de Nouvelle-Zélande, les Dogons d'Afrique, les Kahunas des îles Hawaii, les Mayas du Mexique et du Guatemala, et d'autres Amérindiens. D'après ses exégèses, le calendrier maya préciserait que nous irons au-delà des technologies, puis que nous reviendrons aux cycles naturels de la Nature et de l'Univers aux environs de l'année 2012.

Quant aux Kogui de Colombie, ils sont très précis et affirment que le « dernier cycle » a débuté le 19 février 2000 et se terminera le 18 ou 19 février 2013.

Nous ne voulons pas détailler ici les multiples prophéties plus ou moins connues dont la liste ne sera jamais exhaustive, mais personne ne peut nier que nous sommes dans une impasse dont nous devons sortir si nous désirons survivre. L'homme n'a plus beaucoup de temps pour choisir entre sa destruction et son évolution, changer sa manière de vivre et de penser, cesser d'obéir aveuglément aux lois que le pouvoir lui impose, s'éveiller et sortir de l'abrutissement dans lequel les médias et la publicité le maintiennent. Il est urgent de redéfinir les limites des pouvoirs d'une certaine science dans toutes ses applications qui menacent aussi bien l'environnement que la survie de l'homme et de la planète.

Dès septembre 1989, lors du congrès de Vancouver, des scientifiques avaient déjà manifesté leur inquiétude : « La survie de la planète est devenue une préoccupation majeure et immédiate. La situation actuelle exige que des mesures urgentes soient prises dans tous les secteurs – scientifique, culturel, économique, et politique – et que l'humanité tout entière soit sensibilisée. Il nous faut faire cause commune avec tous les peuples de la terre contre un ennemi commun, à savoir tout ce qui menace l'équilibre de notre environnement ou réduit le patrimoine que nous léguerons aux générations futures. »

Il ne faut certes pas espérer que nos dirigeants veilleront à la survie de la Terre et de ceux qui la peuplent, hommes et bêtes. Actuellement, nous sommes parvenus à une étape cruciale et, si nous n'y prenons garde, les manipulations de toute nature, qu'elles soient génétiques, politiques ou psychologiques, peuvent avoir des conséquences redoutables mais pas assez redoutées.

Nous ne pouvons compter que sur les forces de l'esprit pour combattre l'obscurantisme actuel sur ces sujets, et tout ce qui représente le moindre espoir en la matière ne peut être négligé si nous souhaitons épargner aux prochaines générations des souffrances inutiles, générées par notre attitude laxiste envers le mensonge institutionnel.

Au cours du XXe siècle, la science a accompli d'énormes progrès techniques nous permettant de jouir d'un confort inimaginable auparavant, mais elle nous a également procuré des moyens et une puissance de destruction tout aussi inconcevables qu'elle peut difficilement contrôler, et l'humanité risque à présent de s'exterminer elle-même.

À notre époque où cette science règne en maître tout-puissant et gère nos existences, on demande aux « décideurs de la science », qui ne sont souvent que des techniciens, de définir le bien et le mal, la vie et la mort, de se substituer à la religion et à la philosophie.

Or, s'il est vrai que notre société est loin d'être bien informée, les scientifiques eux-mêmes ne le sont pas de manière systématique. D'abord parce qu'ils ignorent souvent ce qui ne relève pas de leur strict domaine d'investigation, ensuite parce qu'ils n'ont pas toujours, même dans ce domaine, une vision globale de la réalité. Plus la science progresse et se spécialise, plus les chercheurs ont tendance à travailler exclusivement dans leur domaine de recherche, ce qui entrave l'avancée de la science en général.

Une grande partie de nos scientifiques ne sont plus capables d'avoir un jugement global, de prendre en compte tous les paramètres, car la plupart leur échappent. Comme l'observe Roland Conte, l'un des auteurs de la *Théorie des hautes dilutions*, au sujet de l'allopathie qui « regarde le malade à travers une passoire et constate que l'individu est une succession d'images correspondant aux trous, sans voir les liens qu'elles ont entre elles », notre science fonctionne de la même manière. Devenus hyperspécialisés, les scientifiques ne sont plus capables de contrôler ou même de connaître l'ensemble du savoir dans leur domaine. Ils sont d'ailleurs, eux aussi, les esclaves de ce pouvoir technique, bureaucratique et aveugle qui peut décider de la vie ou de la mort de la recherche sur un sujet très précis.

Les cloisonnements n'existent pas seulement entre chaque discipline, mais aussi à l'intérieur de chacune. Comme nous l'a confié un jour un ami biologiste : « Non seulement je ne suis pas toujours au courant des nouvelles données de la physique, mais souvent, je ne sais même pas ce qui se passe dans le laboratoire de biologie voisin du mien. » Ainsi, notre science actuelle devient de plus en plus réductionniste et l'intelligentsia qui dirige le système est incapable d'intégrer de nouvelles données lorsqu'elles dépassent sa compréhension et ses structures.

La situation est d'autant plus bloquée que les fonds publics privilégient plutôt les recherches qui ne perturbent pas trop le consensus scientifique, alors que le propre de la science devrait être de pouvoir sans cesse remettre en question des idées reçues.

En outre, notre science actuelle est au service des gouvernements, des financiers et des industriels, et cette dépendance fausse la notion d'objectivité et d'humanisme qui devrait accompagner toutes recherches, pour céder la place à la politique, au profit, et aux cours de la Bourse. Et ce profit qui transforme l'être humain en une marchandise que l'on peut acheter ou jeter suivant les besoins explique pourquoi les divergences entre la science et l'éthique ne cessent de croître.

Quant à certains scientifiques, ils ont l'ambition de pallier les « imperfections » du monde tel qu'il est. Ne se reconnaissant plus de limites, ils ont décidé de se substituer à Dieu.

Le Monde diplomatique d'août 1996 a publié un article de Denis Duclos, sociologue et directeur de recherche au CNRS, sous le titre : « L'Autophagie, grande menace de la fin du siècle. » Ce chercheur expliquait alors que la caractéristique majeure de notre système est bien celle de « se manger soi-même », puisqu'il pousse de plus en plus les sociétés à s'entre-dévorer. Les entreprises s'absorbent les unes les autres, les marchés se croquent entre eux, et les syndicats en sont réduits à demander le partage de l'emploi. De leur côté, les citoyens subissent sous forme de pollution généralisée et de tragiques pandémies les conséquences de ce recyclage devenu fou, ultime phase de la vieille loi du profit.

De nos jours, sous l'emprise des lobbies industriels, les dirigeants politiques et scientifiques ne se soucient pas le moins du monde des conséquences, à plus ou moins long terme, de leurs décisions, et les enjeux économiques actuels les incitent à sacrifier l'homme sur l'autel du profit. Cependant, malgré l'émergence de multiples scandales, la plupart des citoyens demeurent inconscients de leur importance et ont tendance à les oublier dès qu'un nouveau centre d'intérêt se profile à l'horizon. D'ailleurs, ils refusent encore d'admettre qu'ils sont l'enjeu d'une lutte dans laquelle les scandales de la vache folle ou du sang contaminé ne sont que des broutilles. Combien de fois nous a-t-on traité d'« anarchiste », sous prétexte que nous dénonçons des vérités incontestables mais occultées par les médias !

Pour résumer la situation, l'ambition d'exploiter le monde et les quelques richesses qui lui restent nous fait courir des risques graves car la vie est alors réduite à ses seuls aspects matériels et mesurables. Les acquis technologiques de cette science si péremptoire créent sans cesse de nouveaux besoins, selon une spirale industrielle que ne maîtrisent pas les chercheurs et qui entraîne les consommateurs bien au-delà de leurs besoins et, surtout, de leurs possibilités.

Ainsi que le disait Homère : « Aux dieux comme aux hommes, des bornes ont été assignées qui limitent normalement et systématiquement leur pouvoir. » Il est toujours possible de franchir ces limites, mais au risque de provoquer aussitôt des réactions en chaîne.

D'après les rares responsables – mais non coupables – qui sont un jour jugés, tous les scandales actuels découleraient de la fatalité. Depuis la dernière guerre mondiale, nous sommes confrontés à ce « responsable mais non coupable » dont se réclament les pouvoirs scientifiques et politiques. La plupart des bourreaux nazis eux-mêmes ont déclaré avoir obéi à des ordres qu'ils n'avaient jamais ni discutés, ni considérés dans leur horreur. « Ils ne savaient pas », ont-ils affirmé pour la plupart, alors que l'ignorance ne devrait plus être évoquée lorsqu'on s'élève dans l'échelle des responsabilités.

Toutefois, notre société dite « libérale » est ainsi faite que plus on monte dans la hiérarchie, plus on est responsable et moins on devient justiciable, tous les derniers scandales nous le prouvent. C'est ainsi que nous avons appris sans broncher le non-lieu scandaleux prononcé à l'encontre des experts responsables dans l'affaire du sang contaminé. Seules, les victimes ont été horrifiées. Mais que pèsent quelques milliers d'êtres humains dans la balance économique d'un pays ?

Comme le disait si bien Martin Luther King :

« N'oubliez jamais que tout ce qu'a fait Hitler en Allemagne était parfaitement légal. »

En France, tous les coupables sont disculpés car ils restent dans le cadre de la légalité. Néanmoins, ceux qui occupent des postes particulièrement lucratifs en raison de leurs responsabilités sont forcément coupables, soit parce qu'ils ne possèdent pas la qualification requise, soit parce qu'ils ne sont pas capables de s'entourer d'experts scientifiques compétents et intègres.

Michel Random, écrivain et philosophe, estime qu'il « existe aujourd'hui deux sciences qui n'ont heureusement plus rien de commun, une science réductionniste et sans conscience et une science holistique et visionnaire qui associe le réel à la conscience. Cette seconde science est probablement celle qui peut donner un sens nouveau à notre présent et à notre futur. Certes, elle connaît la présence du gaz dans la chambre, mais elle ouvre la fenêtre alors qu'il en est encore temps ».

Jacqueline Bousquet, déjà citée, a écrit une lettre ouverte aux « décideurs » qui conditionnent notre vie et à leurs conseillers scientifiques :

« Vous nous avez acculés à une impasse dans tous les domaines et le public, presque dans son ensemble, se rend compte que par une sorte de feed-back, ou de choc en retour si vous préférez, nous reviennent les conséquences de vos décisions ou mieux de vos indécisions et de votre absence de morale. Il faut d'urgence donner à l'humain une dimension spirituelle, faute de quoi sa technicité galopante le détruira car il n'est pas digne de la posséder.

« Seuls, des aveugles volontaires refuseraient de voir que nous ne sortirons pas de la crise sans faire une déchirante révision de nos comportements égoïstes et inhumains. Vous qui nous gouvernez, ne pensez pas vous en sortir en bricolant des mesures et en vous disant que vous ne serez plus en poste quand l'insupportable sera là. Il est déjà là ! Prenez les décisions qui s'imposent et, surtout, changez vos conseillers, ils sont plus que vous responsables de ce qui arrive. Vous ferez ainsi œuvre de salut public et pourrez peut-être arrêter cette machine qui, devenue folle, annonce la fin d'un système. »

Nous ne pouvons qu'approuver ces propos car, au lieu de tout miser sur les droits et les exigences de chacun, nous devons d'urgence prendre conscience du rôle qu'il nous faut jouer au sein d'un grand Tout qui représente l'évolution de la planète et de l'humanité entière, évolution qui donne un sens réel à notre existence.

Malheureusement, sous le prétexte de protéger l'individu au nom de la société qui doit payer pour lui, l'État se substitue au citoyen pour prendre des décisions que ce dernier n'approuve pas toujours mais qu'il ne discute jamais. Pourtant nous ne devons pas perdre de vue que l'obsession de nos dirigeants est de convertir la liberté de chacun en données économiques, ce qui les conduit à faire le jeu des lobbies, et le malheur de la Terre.

La question de notre survie se pose impérativement car nous sommes les cellules d'un corps planétaire menacé d'extinction.

Flavio disait à quatre ans : « Chaque monde est une partie de Dieu. Mais Dieu est aussi dans l'espace. Dieu est tout, tout ce qui existe ; tout ce qui se touche et ne se touche pas, tout ce qui se voit et ne se voit pas. Dieu ne meurt jamais, mais pour être vivant il faut être une partie sortie de Dieu. Moi, il me semble que je suis une partie sortie du cœur de Dieu. Le cœur, c'est une manière de dire, parce que Dieu n'a pas de corps. »

NOUS SOMMES DES APPRENTIS SORCIERS

« Là où l'argent est la mesure de toutes les valeurs, il ne sera jamais possible de mener une politique de justice et de bonheur. »

Thomas MORE
(Grand Chancelier d'Angleterre sous Henry VIII)

Ce ne sont pas tellement les crimes de la science qu'il faut craindre, car tout scientifique consciencieux se pose des questions d'éthique à chaque moment, mais plutôt les crimes du pouvoir sous le couvert de la science, car la haute technologie qui préside à notre destinée est un instrument qui rend légal le pillage de notre planète.

Bien des publications dénoncent ces dégâts, mais prises chacune séparément, elles n'affolent personne. Il est donc important de faire un état général des lieux afin de reconnaître combien la situation s'est aggravée depuis quelques décennies et combien elle est exponentielle.

De nos jours, les biologistes, qui ne parviennent pas à se mettre d'accord sur le commencement et la fin de la vie, s'évertuent néanmoins à modifier le génome humain, ouvrant ainsi la porte aux délires les plus fous, ce qui peut entraîner de terribles catastrophes. Quel sera le résultat sur l'humanité des greffes de gènes qui se généralisent, aussi bien sur les plantes que sur les animaux, sans parler des xénogreffes sur les humains ?

Quant à notre espèce, lorsque la thérapie génique s'effectuera sur une grande échelle, on pourra non seulement modifier le patrimoine génétique du sujet mais aussi celui de ses descendants, « améliorant » ainsi la race et certains chercheurs, américains et japonais, s'emploient à faire breveter les gènes qu'ils découvrent.

Cette possibilité d'eugénisme risque de déboucher sur des perspectives terrifiantes. On est proche des expériences de certains nazis, tel le fameux Dr Mengele. Pour l'instant, ces pratiques sont interdites par la convention européenne, mais, à travers quelques publications, on sent chez certains scientifiques une inquiétante envie de perfectionner l'espèce humaine. En voulant se substituer à Dieu, l'homme ne connaît plus ses limites et provoque, dès lors, de nombreux abus de toutes sortes.

Mais nos dirigeants sont complices puisqu'en 1999, le ministre responsable de la Recherche scientifique a encouragé les travaux de séquençage des gènes, et le ministre de l'Économie et des Finances a proposé une aide fiscale substantielle à France-Biotech afin de promouvoir ces « techniques innovantes ». Mais la France est encore – Dieu merci – néophyte dans cette compétition internationale alors que les gouvernements anglais et surtout américain ont misé très gros sur le génie génétique, aussi bien en ce qui concerne les soins médicaux que l'agroalimentaire.

La plupart des manipulations de plantes par génie génétique visent à rendre ces plantes résistantes aux insectes et aux herbicides. Mais il faut savoir que l'introduction d'un gène d'espèce étrangère dans une plante modifie l'équilibre interne de cette plante qui peut alors sécréter de nouvelles substances toxiques ou allergènes, capables de provoquer des maladies encore inconnues. Ainsi la firme Monsanto, numéro un mondial de l'agrochimie, envoie en Europe, par milliers de tonnes, un soja capable de résister aux désherbants les plus corrosifs. Mélangé au soja normal sans aucune déclaration formelle, ce produit industriel entre dans la composition de nombreux aliments sous forme de lécithine. La firme Monsanto, qui a cruellement recyclé dans l'agroalimentaire, est experte dans le domaine de la destruction massive car c'est elle qui a mis sur le marché le fameux Agent Orange, arme terrifiante utilisée pendant la guerre du Viêt-nam.

À ce sujet, de très récentes études démontrent que cette dioxine se retrouve actuellement en quantité dangereuse dans la nourriture des Vietnamiens, bien que son usage ait été proscrit il y a plus de trente ans. Plus d'un million de personnes ont été exposées à cet agent toxique, mais les États-Unis n'ont « pas encore terminé les études sur ses effets secondaires ». Il y a évidemment peu de chances pour que ces travaux soient publiés un jour.

Le commerce des plantes transgéniques est en expansion un peu partout à travers le monde. En Chine, on cultive des céréales, des légumes et des tabacs résistants à certains virus sur d'immenses surfaces et sans aucun contrôle. Mais la grande vedette reste le colza qui, à lui seul, représente un tiers des essais de plantes transgéniques dans le monde. En Europe, sa consommation reste encore interdite, mais, depuis le 15 février 1996, on peut légalement le cultiver, autorisation qui dissimule évidemment un dessein de commercialisation.

Ce genre de colza risque de se croiser avec des plantes sauvages de la même famille et de produire alors des hybrides, porteurs du gène de résistance à certains herbicides. Après de nombreux croisements entre plantes manipulées, on pourrait très bien voir apparaître des instabilités du génome et, ainsi, des transformations de protéines synthétisées. Le génie génétique agit sur l'ADN en laissant une large part au hasard, il est ainsi tout à fait normal qu'il entraîne des réactions en chaîne souvent imprévisibles.

Les généticiens restent incapables de prévoir les risques engendrés par ces manipulations, mais nombreux sont ceux qui déclarent que, de toute manière, si un danger se profile à l'horizon, « il sera toujours temps de retirer le produit du commerce ». Or, étant donné la complexité du code génétique, il est déjà impossible de prédire les effets de l'introduction d'un nouveau gène dans un organisme simple comme une bactérie, mais le problème se complique dans un organisme plus complexe. Les effets toxiques seront transmis à toutes les générations futures de l'espèce, ce qui est infiniment plus grave qu'une simple contamination chimique car personne ne peut y mettre un terme.

Les cultures transgéniques peuvent engendrer une prolifération de plantes mutantes sans que l'on puisse prévoir les conséquences que cela pourrait avoir sur l'environnement. Quoi qu'il en soit, on sait bien que ces mutations menacent la pollinisation nécessaire à l'agriculture. En outre, la multiplication des plantes auto-pesticides pourrait entraîner l'apparition d'insectes mutants plus résistants à tous les pesticides, et leur dissémination deviendrait un danger pour les écosystèmes.

Un rapport de la FAO (Organisation mondiale de l'alimentation et de l'agriculture) signale que des ressources précieuses disparaissent rapidement à cause de la manipulation génétique des végétaux. Pour nous rassurer, certains osent avancer que les mélanges de plantes se font depuis toujours, mais les hybridations se faisaient à l'intérieur de la barrière des espèces. À présent, la biologie moléculaire, extrêmement mécaniste, réductionniste et matérialiste, considère que « les ADN sont des jeux de mécano », comme l'a dénoncé le Pr Jean-Marie Pelt.

Bien entendu, comme toujours, les effets de ces dérives ne seront visibles que dans plusieurs années. Nous sommes donc des cobayes pour une expérience qui s'effectue à l'échelle planétaire et dont nul, même pas les scientifiques les plus compétents, ne peut prévoir les effets à long terme.

Tout cela s'accomplit sous le couvert d'une nécessité absolue pour nourrir l'humanité d'ici quelques années alors qu'au contraire, en remplaçant ainsi les espèces traditionnelles, il résultera de ces méthodes une plus grande dépendance des pays encore sous-développés par rapport aux pays industrialisés. Les grandes sociétés de biotechnologie qui auront mis au point ces nouvelles plantes auront alors la garantie de contrôler complètement les marchés mondiaux. Ainsi, la situation sera pire encore que celle que l'on prétend améliorer et des millions d'hommes mourront alors de faim.

Une nouvelle fois, nous pouvons constater qu'on nous raconte n'importe quoi sous le couvert humanitaire et que la seule vérité est que toutes ces manipulations profiteront essentiellement à quelques lobbies industriels qui rêvent de devenir les maîtres du monde ! Malheureusement, ils sont en bonne voie puisque, depuis quelques années, dans l'agriculture intensive qui utilise des graines hybrides, le fruit d'une graine n'est pas toujours apte à se reproduire l'année suivante.

Mais le pire danger est l'invasion de notre environnement naturel par ces végétaux transgéniques et, ce qui n'est pas plus réjouissant, la dégradation de la biocénose naturelle qui aura ainsi des conséquences imprévisibles. Il serait possible qu'apparaissent alors dans la nature des êtres monstrueux, notamment des animaux ou insectes particulièrement agressifs.

Pour l'instant, il n'est pas encore permis d'introduire des animaux génétiquement manipulés dans notre chaîne alimentaire, mais les expériences se multiplient pour « améliorer » les élevages et, là encore, on court le risque de voir le transgène se répandre dans la nature sans qu'on puisse enrayer cette diffusion. Il en est de même pour les poissons transgéniques qui risquent de proliférer dans les mers au détriment des populations sauvages puisqu'ils se multiplient plus rapidement que les autres et sont plus résistants à certaines maladies.

Actuellement, des « chercheurs » ont mis au point une nouvelle technique qui permet d'introduire chez des plantes et des animaux des gènes cancérigènes pour l'homme. Cette méthode qui s'appelle l'hypermutabilité permet d'accélérer des mutations qui mettraient normalement des millénaires pour apparaître. Certains scientifiques qui travaillent pourtant dans ce domaine sont effrayés par les risques que cela peut faire courir à l'humanité. En effet, que se passerait-il si un gène dangereux s'échappait et contaminait la chaîne alimentaire ? La firme américaine Morphotek, qui a mis au point cette technique, se soucie peu des cancers qui ne manqueront pas de se multiplier chez les humains.

Les virus ou les bactéries utilisés comme vecteurs pour la transgenèse sont théoriquement « désarmés », ce qui signifie que leur potentiel pathogène a été neutralisé. Bien que les biologistes moléculaires affirment que ceux-ci n'ont que de faibles chances d'être réactivés, il n'est pas exclu qu'une recombinaison entre le vecteur et un virus sauvage puisse se produire et engendrer un virus pathogène. En effet, puisque ces vecteurs sont utilisés pour transférer des gènes entre espèces, ils peuvent très bien franchir la barrière des espèces, et les possibilités de recombinaison étant infinies, leurs dangers sont considérables. Nous ne devons jamais perdre de vue que les « experts les plus compétents » nous ont répété sur tous les tons et pendant des années que l'ESB ne franchirait « jamais » la barrière d'espèce ! Et pourtant !

L'émergence de nouvelles maladies dues à des virus dont l'origine est inconnue devrait inviter à la plus grande prudence dans ce domaine car les gènes, recombinés et transférés, peuvent infecter tous les organismes.

De plus, des organisations extrémistes ou des groupes armés – qui tendent à se multiplier – pourraient investir les installations spécialisées dans le génie génétique afin de se procurer la matière première pour la construction d'armes biologiques.

« Les plantes ont été créées par Dieu et l'homme n'a pas le droit de les changer car, alors, il se changerait lui-même », affirme Nicolas, onze ans, qui veut plus tard « être un "vrai" agriculteur qui respectera la nature et le rythme des saisons ».

LA MALADIE A REMPLACÉ LA SANTÉ

En ce qui concerne la santé, la situation n'est guère plus réjouissante. « Nous sommes au début d'une épidémie d'épidémies », a déclaré Anne Platt, l'auteur d'un rapport très pessimiste du World Watch Institute qui signale que non seulement les maladies infectieuses n'ont pas disparu, comme on le prévoyait il y a plus de trente ans, mais que la mortalité et la morbidité dues à ces maladies ont considérablement augmenté. Et il n'y a pas que les pays du tiers-monde qui sont touchés, bien qu'ils figurent au premier rang.

« Les hommes font tout ce qu'il faut pour être malades et le rester, ils mangent mal, se comportent mal et pensent mal », constate Émilie, quinze ans. Depuis son plus jeune âge, elle refuse les thérapeutiques chimiques et prétend savoir se guérir elle-même. Ses parents ne l'ont guère influencée dans ce comportement, c'est elle qui les a dissuadés de se soigner par la médecine classique. « Vous savez bien que plus vous prenez de médicaments plus vous êtes malades », dit-elle souvent.

Le virus Ebola, inconnu il y a vingt ans, a déclenché au Zaïre, en 1995, une épidémie de fièvre hémorragique, mortelle dans environ 80 % des cas. L'hôte naturel du virus demeure toujours un mystère.

Des infections à hantavirus, parfois à l'origine d'un syndrome pulmonaire fatal à plus de 50 %, ont été détectées dans plus d'une vingtaine d'États américains, ainsi qu'au Canada, en Argentine, au Brésil et au Paraguay.

Un nouveau syndrome est apparu l'hiver dernier, le SARS (Severe Acute Respiratory Syndrome) qui serait une forme nouvelle du coronavirus, et qui a surtout permis à n'importe qui de dire n'importe quoi sur cette nouvelle infection, pour en finir avec la supposition qu'elle aurait été transmise par des animaux en sautant, encore une fois, la barrière d'espèce.

De nouveaux organismes comme Cryptosporidium ou de nouvelles souches de bactéries telles qu'Escherichia coli provoquent des épidémies de maladies transmissibles par les aliments et l'eau, aussi bien dans les pays industrialisés que dans les pays en voie de développement.

Les maladies vénériennes sont également en augmentation, ainsi que le paludisme, alors qu'en 1950 son éradication était en bonne voie. Quarante pour cent de la population mondiale en sont affectés et un million d'enfants africains en meurent chaque année. Non seulement l'anophèle a résisté au DDT, mais de nouveaux cas de paludisme apparaissent dans les zones importantes d'épandage de pesticides. En revanche, ces épandages ont détruit des insectes indispensables à l'équilibre écologique.

L'objectif que s'était fixé l'OMS en 1978 de garantir « la santé pour tous d'ici à l'an 2000 » est relégué au rang des utopies et Joshua Lederberg, prix Nobel, de l'université Rockefeller de New York, s'inquiète de « la dramatique progression de la résistance aux antibiotiques ».

« Nous sommes au bord d'une crise mondiale due aux maladies infectieuses. Aucun pays n'est vraiment en sécurité, aucun ne peut ignorer la menace », déclarait le Dr Hiroshi Nakajima, directeur général de l'OMS à Genève, lors de l'ouverture de la 49e Assemblée mondiale de la santé. Plusieurs centaines de millions de personnes seraient menacées dans le monde, et les maladies infectieuses qui sévissent dans le tiers-monde risquent de s'étendre à la planète entière.

Les rétrovirus nous menacent tout autant que les maladies infectieuses. Parmi ces rétrovirus infectieux, le VIH tient une place prépondérante et, dans *Le Quotidien du médecin* du 22 décembre 1998, le Pr Luc Montagnier soulignait que : « Les rétrovirus ont appris à se transmettre horizontalement, de personne à personne, et à s'insérer dans les gènes de l'organisme. » Ainsi, dans la guerre sans merci que nous menons contre les virus ou les rétrovirus, nous constatons chaque jour qu'ils apprennent à se défendre, à s'adapter, à muter et qu'ils résistent de plus en plus à notre toute-puissante science chimique.

Le professeur Petrov tire une autre sonnette d'alarme qui concerne l'accroissement du déficit immunitaire. Autrement dit, les défenses naturelles de l'organisme contre les attaques microbiennes ont tendance à s'affaiblir. Ce déficit immunitaire s'amplifie d'autant plus que « les zones dangereuses tendent à s'étendre ». Il précise : « L'humanité a le choix entre deux possibilités : promouvoir la recherche immunologique fondamentale pour tenter de vaincre aussi rapidement que possible les immunodéficiences et les allergies, ou assister passive et impuissante à la prolifération de ces désordres dans toute la population du globe. » Parmi les désordres, le professeur Petrov énumère les agressions virales et bactériennes, les allergies, les cancers, les maladies parasitaires et entériques et, évidemment, le sida.

À ce sujet, les plus récentes publications suggèrent que 20 à 30 % des malades infectés par le VIH le sont par des virus résistants aux inhibiteurs des protéases, et, à l'arrêt de la trithérapie, la charge virale s'élève rapidement avec la reprise d'une multiplication intense du virus VIH. On nous cache que la résistance aux traitements proposés s'accentue de façon inquiétante, faisant craindre une recrudescence de l'épidémie.

LE CANCER

À notre époque, le cancer est l'une des plus grandes menaces qui planent sur notre santé et 270 000 personnes sont atteintes chaque année par cette maladie. Au cours de leur existence, un Français sur deux et une Française sur trois seront confrontés au cancer.

On nous répète que cette effarante progression serait surtout due à la croissance de la durée de vie car autrefois on mourait avant que le cancer ne se déclare, mais c'est faux ! En effet, dans son supplément de décembre 1983, *Le Quotidien du médecin* a publié une étude selon laquelle 35,7 % de la mortalité totale en France pour l'année 1981 était due au cancer pour la tranche d'âge de vingt-cinq à soixante-quatre ans et, au-delà de cet âge, ce taux diminuait. Une autre étude, datant de 1991 et publiée par le CREDES, démontre que pour l'ensemble des cancers, en vingt ans, la mortalité a progressé de 137 % chez les jeunes, alors qu'elle n'a augmenté que de 65 % chez les personnes âgées. Ces publications prouvent clairement que l'effrayant développement des cancers n'a rien à voir avec l'accroissement de la population âgée et, qu'une nouvelle fois, on nous raconte n'importe quoi sous le couvert de la science.

De surcroît, on a également constaté une augmentation alarmante des cancers du cerveau chez les moins de quinze ans, mais cette découverte n'a pas fait la Une de l'actualité. Les médias ont également occulté la progression de 16 % des leucémies chez les jeunes de zéro à vingt-quatre ans, ainsi que l'augmentation explosive de certains cancers en vingt ans pour cette même tranche d'âge : 57 % pour les lymphomes, 83 % pour le cerveau, 165 % pour les glandes endocrines, 536 % pour les tissus mous et même 2200 % pour le foie et les voies biliaires.

De mémoire d'homme, jamais le cancer n'a autant menacé notre jeunesse. Pourquoi ? Il est permis de se demander si les pouvoirs publics se posent parfois la question en souhaitant y apporter une vraie réponse.

Mais, comme le constatait le biologiste Jacques Benvéniste dans un article paru le 22 mai 1996 dans *Le Monde*, malgré la prise de conscience de quelques-uns de ses pairs : « La majorité continue à réciter en pleine irresponsabilité le triomphant credo scientiste et à renouveler, de décennie en décennie, les promesses de lendemains qui chanteront. »

Quelques fameux cancérologues français, non inféodés aux laboratoires pharmaceutiques, n'ont pas hésité à exprimer leur doute quant aux guérisons obtenues par les voies classiques.

Ainsi, le 4 octobre 1985, le Pr G. Mathé déclarait à *L'Express* : « Si j'avais une tumeur, je n'irais pas dans un centre anticancéreux. » Le Pr Henri Joyeux, cancérologue à Montpellier, semble partager cette opinion : « 85 % des chimiothérapies sont contestables, voire inutiles. »

Quant à la chirurgie, le Pr Lucien Israël a déclaré à son sujet : « L'impuissance de la chirurgie à guérir le cancer est illustrée par un fait frappant : 20 % des opérés meurent d'une récidive locale, 80 % meurent de métastases à distance » (cf. *Le Cancer aujourd'hui*).

Cependant, les cancérologues classiques persistent à prescrire ces méthodes décriées par les plus célèbres d'entre eux et, lorsque les malades décèdent des suites des thérapies, ils meurent officiellement « guéris » de leur maladie et c'est là l'essentiel.

Il y a des années, les internes de Villejuif avaient écrit sur le mur de leur salle de garde que « le cancer fait vivre davantage de gens qu'il n'en tue », et ce constat est toujours d'actualité.

Devons-nous attendre le salut de l'industrie pharmaceutique qui encaisse, chaque année, la fabuleuse somme de deux cents milliards de dollars de bénéfices grâce à cette maladie si lucrative ? La supprimer revendrait à tuer leur poule aux œufs d'or et leur acharnement à combattre ceux qui soignent « autrement », c'est-à-dire grâce à des méthodes non orthodoxes, naturelles, et surtout efficaces, confirme bien leur ambition.

Comment peut-on encore faire confiance à une telle mafia ?

Personnellement, Samantha (quatorze ans) ne lui fait pas du tout confiance. « Ceux qui tuent ainsi pour gagner de l'argent sont très coupables. Ils devront s'incarner dans des conditions terribles pour se faire pardonner leurs crimes. Plus tard, je me battrai contre eux bien que je sois pacifiste, car il faut aider l'humanité et c'est pour cela que je suis sur Terre. »

NOTRE ESPÉRANCE DE VIE

On nous parle sans cesse de l'amélioration de notre espérance de vie qui n'aurait jamais été aussi élevée qu'aujourd'hui. Mais cela est l'une des plus grandes contrevérités de ce siècle qui relève d'une manipulation des chiffres. La moyenne est plus élevée grâce à l'hygiène et à l'amélioration des conditions de vie d'une grande partie de la population, et la mortalité infantile, en bas âge et en couche, a fortement diminué.

Une étude de l'INSERM, réalisée en 1992 en collaboration avec le Haut Comité de Santé publique et publiée en 1996, démontre magistralement que les taux de décès des Français nés après 1938 sont très sensiblement supérieurs à ceux des pays voisins comme la Suède, mais aussi le Royaume-Uni et même l'Italie ! Ces chiffres peuvent surprendre étant donné que pour les personnes nées avant 1938, ils étaient inversés, la mortalité étant largement inférieure en France que dans ces pays. Paradoxalement, cette étude, publiée très confidentiellement aux Éditions *Le Monde*, n'a pas fait l'objet de commentaires par les médias, ni par les pouvoirs publics. Comment ces derniers pourraient-ils, en effet, expliquer cette inversion qui dément leurs affirmations péremptoires ?

Non seulement nous ne vivons pas plus vieux qu'autrefois, mais nous sommes de plus en plus malades et de plus en plus dépendants de l'industrie médico-pharmaceutique. Jadis, lorsque l'être humain atteignait des âges vénérables, il restait en pleine possession de ses capacités, tant physiques que mentales, et sans l'aide de drogues pharmaceutiques !

Certaines peuplades « non civilisées » ont des espoirs de vie très supérieurs aux nôtres, sans aucune aide thérapeutique. Ainsi les Hounzas, qui habitent sur les contreforts de l'Himalaya, au nord du Pakistan, vivent jusqu'à cent vingt ans environ, tout en conservant la vue, l'ouïe, et leurs dents, ainsi que leur capacité d'effort. Il est évident qu'ils mènent une vie très frugale, mais l'hygiène n'est pas de règle et, pourtant, ils se montrent très résistants aux maladies et le cancer est inconnu chez ce peuple.

Il en est de même des Indiens qui peuplent la « Vallée des centenaires » dans la cordillère des Andes, près de l'équateur. En 1994, selon son certificat de baptême, la doyenne avait cent dix-sept ans, et au cimetière, de nombreuses tombes attestent la longévité de ce peuple.

On relève les mêmes preuves de longévité chez les Abkhases du Caucase, les habitants de l'île d'Okinawa au Japon, et les Sikhs de l'Inde du Nord. Chez les Mormons, on trouve également de très nombreux vieillards en parfait état de santé à un âge très avancé.

Quant à nos propres centenaires actuels qu'on nous cite sans cesse en exemple, ce sont, en général, des gens qui ont évité de voir des médecins et de prendre des médicaments, des gens non vaccinés et non traités par la chimie. La population née depuis la dernière guerre a peu de chance de vivre aussi longtemps car le taux de mortalité précoce par maladie ne cesse de progresser à un rythme tout aussi rapide que l'envol des dépenses de santé qui financent les gigantesques bénéfices de l'industrie pharmaceutique.

« Je ne trouve pas que nous soyons en progrès, au contraire. Et c'est pour ça que nous arrivons en masse sur Terre pour essayer de la sauver avec tous ses habitants, en tout cas, ceux qui le voudront », affirme sans hésitations Conrad, sept ans.

D'ailleurs, il suffit de prendre connaissance des chiffres effrayants d'augmentation des allergies, de l'asthme, de l'autisme, du diabète, du cancer et des leucémies, pour comprendre à quel point les défenses immunitaires de nos enfants s'amenuisent.

Si les maladies et les infections continuent ainsi à progresser chez l'homme, risquerons-nous un jour d'être brûlés sur des bûchers comme notre cheptel, afin de ne pas infecter ceux qui auront résisté à la maladie ? Dans notre monde fou, cela pourrait être une solution à la surnatalité, comme l'épidémie de la vache folle est arrivée bien à point pour pallier la surproduction de bétail dans la communauté européenne. Heureusement, de plus en plus de gens prennent conscience que ce ne sont pas les vaches qui sont folles mais les hommes.

Les citoyens sont maintenant avertis que la plupart des « dirigeants politiques » dirigent peu de choses car ils sont les otages des firmes industrielles qui financent leurs campagnes de propagande. Vont-ils remettre un jour en question leurs rapports avec l'argent ? Les institutions scientifiques vont-elles enfin s'affranchir de toutes les tutelles pour mettre en pratique l'éthique dont elles se réclament ?

Cela serait surprenant, d'autant que la plupart des hommes politiques et des technocrates ne raisonnent qu'à court terme et refusent de prendre en compte les effets pernicieux engendrés par leurs décisions actuelles car ils n'apparaîtront qu'à long terme. On serait tenté de croire que ces technocrates et profiteurs n'ont pas de descendants qui risquent de payer très cher cette inconséquence.

Quant aux cartels de l'industrie, étant donné les sommes colossales qu'ils engrangent au détriment de la santé publique, il est peu probable que des considérations d'éthique éveillent un jour leur conscience.

LE STOCKAGE DES VIRUS

À notre époque, troublée par le terrorisme, les médias affolent les populations avec les dangers d'une guerre bactériologique qui pourrait provoquer une épidémie de variole, virus considéré comme « le plus dangereux de tous ». C'est faux. De nombreux virus sont bien plus foudroyants et plus contagieux que celui de la variole, tels les virus Ebola, Marburg ou même le bacille du charbon (anthrax), stockés depuis plus de trente ans à Fort Detrick, le célèbre laboratoire P4 de recherches militaires du Maryland, où de dangereux « savants » mènent des expériences en tout genre pour fabriquer de redoutables agents pathogènes.

Pourquoi les médias de « bon ton », si prompts à nous « informer », ne disent-ils jamais ou presque que dans les années quatre-vingt, la France et les États-Unis ont, très officiellement, expédié en Irak des souches de bacilles de charbon que les Irakiens ont introduits dans les bombes et les missiles ? Il est vrai qu'à l'époque, l'Irak était leur « ami ».

Depuis plus de cinquante ans, l'armée américaine utilise des cobayes humains pour tester toutes sortes de substances et il a fallu la protestation de milliers de soldats victimes du « nazisme » scientifique américain pour que le Sénat se saisisse de l'affaire. « Les armes biologiques sont si puissantes que dans les conditions favorables elles peuvent tuer autant de gens que leurs équivalentes nucléaires », peut-on lire dans un rapport de l'Office of Technology Assessment des États-Unis.

Durant la Guerre du Golfe, cent cinquante mille soldats ont ainsi été vaccinés contre le charbon sans le savoir et huit mille autres ont reçu un vaccin expérimental contre le botulisme, non autorisé par la FDA, sans compter d'autres vaccins expérimentaux, dont le choléra, la peste bubonique. Nombre d'entre eux ont développé des pathologies diverses regroupées sous le terme « syndrome du Golfe ».

Les soldats avaient reçu l'ordre de ne pas divulguer ces vaccinations, même à leurs médecins, sous la menace de Cour martiale (cf. Rapport de la commission du Sénat américain pour les vétérans, de décembre 1994).

L'alerte a été donnée dès 1991 par les banques du sang américaines qui refusaient le sang de toute personne ayant séjourné dans le Golfe au cours des quinze derniers mois. Les victimes dépassent le nombre de soixante-dix mille aux États-Unis et de quatre mille en Grande-Bretagne. Deux mille sont décédées.

Parmi les enfants de ces soldats, deux mille sont gravement anormaux (sans bras, sans reins, sans yeux, sans glande thyroïde) ou avec des handicaps graves (nanisme, atrophie d'une moitié du corps, hydrocéphalie, trisomie 21), sans compter tous ceux qui étaient atteints au point de ne pas être viables. Les conjoints de ces soldats ont également développé diverses pathologies. D'ailleurs, ces vaccins ont induit un dérèglement, voire une destruction de la fonction reproductive de l'être humain avec des atteintes chromosomiques irréversibles.

Les soldats et leurs médecins ont écrit au ministère de la Défense des États-Unis pour réclamer leurs dossiers. Ils ont reçu la photocopie de la couverture et une note spécifiant que rien d'autre ne pourrait être dévoilé et, depuis ces réponses laconiques, le ministère a franchi un échelon de plus dans la fourberie. En effet, il sera à présent très difficile d'établir la vérité puisque la plupart des dossiers de ces soldats ont disparu. Alors qu'ils étaient conservés à la fois sur papier et sur disquettes, ils se sont tous volatilisés en même temps, aussi bien en Floride qu'à l'Institut de Défense chimique du Maryland. Disparus aussi les prélèvements sanguins ! Le général Ronald Blanck, inspecteur général des services sanitaires, n'a « aucune idée » de ce qui a pu se passer. « Ce sont des choses qui arrivent parfois », a-t-il osé affirmer lors d'une interview télévisée. Une enquête est ouverte et le Congrès a retiré au ministère de la Défense la responsabilité des recherches, mais les soldats ne sont pas guéris pour autant et leurs enfants ont du mal à survivre.

Cet exemple montre à quel point les « autorités » de tous pays méprisent les citoyens et osent affirmer des énormités sans aucune crainte de représailles.

En Angleterre, même attitude des responsables. Nicolas Soames, ministre des Forces armées, ne peut « accepter qu'il existe un lien entre le fait que des soldats aient servi dans le Golfe et leurs maladies». Qu'il l'accepte ou non, ce lien existe et tous ces jeunes soldats, en pleine forme lors de leur recrutement, ne tombent pas malades en même temps par le plus grand des «hasards».

Les autorités nient ces chiffres et affirment avoir «donné les meilleurs vaccins sur le conseil de médecins», dans le cadre de la protection de l'armée. Ainsi, chacun a obéi aux ordres d'un autre et personne n'est responsable. Tout va donc très bien dans le meilleur des mondes et ces soixante-dix mille soldats sont sans doute tous des menteurs et ont inventé leurs pathologies et les malformations de leurs enfants.

Eux ont payé pour apprendre qu'il ne faut faire confiance à aucun gouvernement et encore moins à certains militaires de très haut rang qui prennent pour cobayes ceux qu'ils devraient protéger, puis persistent à nier toute responsabilité en la matière. Fidèles à la tactique générale, ils se contentent de contester, envers et contre tout, les liens de cause à effet et demandent aux victimes de prouver le rapport qui pourrait exister entre leur maladie et le traitement qu'on leur a infligé, alors qu'ils devraient eux-mêmes fournir la preuve de l'innocuité de ce traitement.

Toutefois, ils ont raison de ne pas se gêner puisqu'ils ont bien prouvé qu'ils sont au-dessus des lois et ils n'ont pas hésité à récidiver lors de la guerre contre l'Irak, où d'autres jeunes militaires ont subi de terribles dommages sans pouvoir établir un lien entre leur départ pour la guerre et la dégradation soudaine de leur santé sans aucune raison valable.

«Il faut envoyer de l'amour aux méchants, pas de la haine, sinon elle nous revient», déclare Julia, cinq ans.

Au sujet de la pollution bactériologique, n'oublions pas que, déjà en 1942, les Anglais avaient expérimenté dans l'île de Gruinard, en Écosse, une forme de guerre biologique en inoculant le bacille du charbon à des moutons. La décontamination n'a commencé qu'en 1986, et aujourd'hui, plus de soixante ans après « l'expérience », l'île est toujours interdite. Au train où nous allons, c'est plus de la moitié de la planète qui risque d'être bientôt interdite.

Ainsi, malgré la signature, en 1993, par cent cinquante pays, d'une convention sur les armes chimiques, le « bioterrorisme » est en plein essor et les armes biologiques peuvent servir à des fins de génocide, lorsqu'elles ne servent pas d'excuse pour déclarer des guerres impopulaires.

« De toute façon, c'est très laid de faire la guerre, même si on a des ennemis. Il faut se défendre, mais pas avec des armes, pas en tuant les autres », affirme Antoine du haut de ses quatre ans.

LES BIOPUCES

Il y a quelques années, certains scientifiques avaient suggéré qu'on pourrait un jour injecter dans le corps d'un nouveau-né une puce électronique qui permettrait un suivi très précis de sa santé. Lorsqu'ils ont fait cette proposition avec le plus grand sérieux, on pouvait se demander s'ils étaient conscients que leur suggestion dépassait de très loin tout ce qu'avaient imaginé Eugène Zamiatine dans *Nous autres*, Aldous Huxley dans *Le Meilleur des Mondes*, George Orwell dans *1984*, ainsi que d'autres écrivains de science-fiction.

Or, depuis quelque temps, la réalité dépasse la fiction et l'on commence à injecter des puces à de jeunes enfants ou à des vieillards atteints de la maladie d'Alzheimer afin de mieux les surveiller. On a ainsi pu voir sur France 3 une famille dont les membres se réjouissaient d'avoir reçu des puces pouvant être repérées par satellite, ce qui leur permettrait d'avoir un suivi médical sans avoir à s'en préoccuper. Ils ne cachaient pas leur joie de profiter ainsi des « progrès de la médecine ».

Les puces étaient déjà utilisées par la médecine vétérinaire pour identifier des milliers d'animaux à travers la planète, mais cette surveillance ne s'était pas encore étendue à l'être humain. L'homme deviendra-t-il un jour, lui aussi, un produit manufacturé, avec tout ce que cette définition implique ?

Le Dr José Delgado, pionnier de la stimulation électronique du cerveau, nous avertit : « L'une des possibilités des transmetteurs cérébraux est d'influencer les gens afin qu'ils se conforment aux systèmes politiques. » Une puce électronique appelée Rambo a déjà été utilisée pour faire monter le taux d'adrénaline des vétérans du Viêt-nam.

La technologie cachée derrière le nouveau Micro-Chip humain est assez simple et l'on nous parle déjà, de manière très officielle, d'implanter une puce électronique dans notre main afin de remplacer nos cartes de crédit ou nos clés, mais aussi nos passeports et permis de conduire. Ceci n'est pas de la fiction mais une réalité que beaucoup d'inconscients attendent avec impatience.

La science-fiction de nos parents est devenue réalité, pourquoi la nôtre ne le deviendrait-elle pas à son tour ?

Hélas, peu de gens se sentent concernés par ces scandales. Et combien sont d'accord avec Milan Kundera lorsqu'il écrit : « Être moderne, c'est être l'allié de ses propres fossoyeurs » ?

Seuls les *Indigo* ou ceux qui leur ressemblent – et ils sont plus nombreux qu'on ne le pense généralement – ont un niveau de conscience qui leur permet de refuser ces « progrès » de notre société moderne.

LA POLLUTION DE LA PLANÈTE

« Il faut se méfier des ingénieurs, ça commence par la machine à coudre, ça finit par la bombe atomique. »

Marcel PAGNOL

Ainsi, la pollution sous toutes ses formes, tant physique que chimique et même psychique, est en train de détruire l'espèce humaine, mais la terre ne se porte guère mieux que ses habitants. La couche d'ozone se dégrade, des pluies acides brûlent et détruisent les forêts, la Terre se réchauffe, avec toutes les conséquences que cela implique.

« L'homme est l'ennemi de tout, il détruit tout », estime Rébecca (sept ans), qui respecte l'environnement depuis son plus jeune âge sans que ses parents aient eu besoin de le lui enseigner.

Contrairement au nuage de Tchernobyl qui a contourné les frontières françaises, celui de La Hague diffuse sa radioactivité au-dessus du nord de la France, mais aussi de la Belgique, du Luxembourg, des Pays-Bas, du Danemark et du nord de l'Allemagne. L'organisation Greenpeace, qui a déjà mené une campagne pour mesurer la pollution radioactive autour de l'usine, confirme que « l'installation rejette non seulement ses effluents radioactifs dans l'eau, elle émet aussi une quantité de polluants radioactifs directement dans l'air ».

La centrale nucléaire de Saint-Alban rejette dans le Rhône l'eau nécessaire à son alimentation, polluant ainsi les terrains des agriculteurs et des viticulteurs de la région, en toute illégalité et impunité.

L'usine de Sellafield, en Grande-Bretagne, n'a rien à envier à celle de La Hague. Ses environs sont aussi contaminés que la zone autour de la centrale de Tchernobyl. Une étude de prélèvement du sol dans les deux régions, réalisée par l'université de Brême à la demande de Greenpeace, a conclu que le taux de radioactivité contenu dans certains échantillons prélevés à Sellafield est supérieur à celui que l'on a pu mesurer dans les environs de Tchernobyl. Mike Townsly, de Greenpeace international, est affirmatif : « Sellafield est un Tchernobyl qui tourne au ralenti. Ce qui s'est passé en une nuit à Tchernobyl a duré quarante ans à Sellafield. »

Selon l'Association internationale des médecins pour la prévention d'une guerre nucléaire, les vingt-trois expériences en surface qui ont eu lieu en Chine entre 1964 et 1980 ont répandu environ quarante-huit kilos de plutonium dans l'atmosphère. Quant aux vingt autres explosions souterraines, effectuées depuis septembre 1969, elles ont déposé vingt-cinq kilos de plutonium dans le sous-sol du désert. Or il suffit de cinq kilos de plutonium pour détruire cinq milliards d'individus. Et il faut attendre vingt-quatre mille ans pour que le plutonium perde la moitié de sa radioactivité.

Dans tous les pays, de temps à autre, la presse signale de « mystérieuses vibrations », aussi bien en Australie qu'aux États-Unis – certaines mêmes ressenties en France –, et nombreux sont ceux qui pensent qu'il s'agit d'explosions nucléaires souterraines. Personne ne peut prévoir quelles peuvent être les conséquences qui peuvent en découler un jour, particulièrement dans les régions à forte sismicité. Les produits de réaction sont piégés lors des explosions et des gaz peuvent remonter par des failles.

Jessica n'a que sept ans, mais elle est tout à fait consciente de ces dangers : « Nous devons arrêter ces explosions qui perturbent l'univers, sinon nous allons tuer la Terre et nous serons obligés d'aller ailleurs. »

LES DÉCHETS DE MÉTAUX LOURDS

À cause de l'implantation d'activités industrielles et militaires, les régions arctiques du nord de l'Europe occidentale sont devenues de formidables « capteurs » de pollution détruisant les écosystèmes et la situation est catastrophique dans plusieurs régions.

Les émissions de dioxyde de soufre augmentent chaque année et sont à l'origine de graves problèmes de santé publique. La végétation est totalement anéantie sur plusieurs dizaines de milliers d'hectares autour des centres industriels, et l'immense forêt de conifères, déjà affectée par les pluies acides, est également menacée par la surexploitation liée aux industries d'abattage et de transformation du bois.

Pollués sur de grandes surfaces par le biais des neiges contaminées, les sols contiennent des taux élevés en métaux lourds et il est fréquent de trouver dans les eaux de rivière des concentrations importantes de lignosulfonates, phénols, méthanol et ammoniaque.

Des quantités de déchets radioactifs ont été immergées en mer de Barents et en mer de Kara. Des sous-marins et des brise-glace nucléaires – désarmés mais contenant toujours leurs réacteurs – sont répartis sur plusieurs bases, près de Mourmansk, où, entre 1969 et 1988, les Soviétiques ont fait exploser des charges nucléaires aussi bien pour les travaux publics que pour l'exploitation minière.

Quant à la centrale nucléaire de Polyarnyi, elle est classée « dangereuse » par l'Agence internationale pour l'énergie atomique. Les rapports officiels ne mentionnent pas la plupart de ses activités et l'on ignore quelle est la contamination radioactive de la région.

Rob (quatre ans) connaît déjà les dangers du nucléaire. « C'est ce que les hommes ont inventé de plus dangereux. Quand je serai plus grand, je me battrai pour que ça s'arrête. J'en parle souvent avec mon ange. »

LE PÉTROLE ET LES DÉCHETS DANGEREUX

Chaque année, les pétroliers déversent environ deux millions et demi de tonnes de pétrole dans les mers, particulièrement à cause du nettoyage des cales et des cuves au large. En outre, cent cinquante mille tonnes sont relâchées en raison de fuites, d'avaries ou d'accidents. Nicolas Hulot signale que la Marine nationale française « pratique des dégazages en pleine mer et jette au large ses déchets compactés ».

Jason (trois ans) estime que « les méchants » abîment la planète en jetant n'importe quoi, n'importe où. « Je sais que c'est très mal et ils devront un jour s'expliquer avec Dieu. »

De son côté, Greenpeace demande : « Combien de millions d'oiseaux devront encore périr ? Sur combien de kilomètres les côtes seront-elles polluées avant que l'industrie pétrolière et les gouvernements du monde entier ne prennent conscience de la nécessité de protéger l'environnement ? »

Nombre d'articles ou d'émissions ont signalé la dramatique diminution d'espèces d'animaux peuplant les mers du globe – 90 % des grands poissons ont disparu –, provoquant un émoi bien passager, vite oublié au profit de championnats sportifs ou de combats politiques !

Toutefois, le pétrole n'est pas le seul produit dangereux transporté par les bateaux. Les associations de défense de l'environnement dénoncent aussi des exportations frauduleuses des pays riches vers les pays du tiers-monde. Une convention qui limite et réglemente le transport des déchets dangereux a été signée à Bâle le 22 mars 1989 par trente-cinq États dont la France, mais elle ne fut appliquée qu'à partir du 5 mai 1992. C'est un délai classique pour la plupart des « mesures d'urgence ». Elle fut ratifiée par quatre-vingt-quatre pays, dont la plupart des membres de l'OCDE, à l'exception des États-Unis.

Un nouvel amendement prévoit l'interdiction totale des mouvements de certains produits toxiques venant des pays de l'OCDE, mais de nombreux États s'opposent à une interdiction totale car leurs intérêts en pâtiraient.

Le réseau Haarp

Alors que notre planète est déjà traversée par une infinité de radiations artificielles, aux États-Unis le réseau Haarp (High-frequency Active Auroral Research) a pour but d'envoyer un faisceau de plus de 1,7 milliard de watts dans l'ionosphère. L'installation est connectée à l'un des ordinateurs les plus puissants de la planète, celui de l'université d'Alaska, au nord-est d'Anchorage.

Ce complexe, dont le coût s'élève à trente millions de dollars, a été financé par la Navy, l'Air Force et le Département de la Défense, et certains n'hésitent pas à affirmer que l'armée américaine serait en train de rééditer, dans le plus grand secret et sous une forme plus économique mais bien plus dangereuse, son projet de « Guerre des étoiles ». Comparée à cette puissance monstrueuse, la bombe atomique ressemble à un boulet de canon.

Le but de Haarp est de générer un bouclier protecteur global capable de faire le tri entre les missiles ennemis, nucléaires ou conventionnels, et d'empêcher toutes les communications radios et satellites dans une zone déterminée. Selon des études de spécialistes américains en armement, on pourra également communiquer avec les sous-marins en plongée profonde situés dans les coins les plus reculés des océans et détecter puis détruire tout missile ou avion s'engageant dans l'espace aérien américain. Le réseau peut scanner la croûte terrestre à des profondeurs extrêmes : ainsi, aucun pays n'aura les moyens de cacher l'implantation de bases secrètes souterraines abritant des armes nucléaires.

Tout cela peut paraître utile à certains, mais il faut connaître l'envers de la médaille.

Haarp fonctionne en dirigeant un faisceau d'ondes à hautes fréquences vers l'ionosphère, cette couche située au-dessus de la stratosphère et constituée d'atmosphère et de particules ionisées, hautement chargées en énergie. Située à une altitude qui varie entre quarante-huit et six cents kilomètres de notre croûte terrestre, cette couche est vitale pour notre planète car elle joue un rôle fondamental de bouclier, au même titre que la couche d'ozone. Elle nous protège des dégagements nocifs du soleil.

Par ailleurs, les recherches menées depuis un siècle ont mis en évidence le fait que ce « manteau énergétique » qui protège la terre peut aussi devenir une arme stratégique de toute première importance. Le bombardement d'une zone donnée de l'ionosphère avec ces hautes fréquences a pour effet de créer un énorme miroir virtuel qui, agissant comme une antenne, renverra des fréquences extrêmement basses vers la Terre, comme le ferait un immense four à micro-ondes, en pénétrant le sol, les mers et nos corps.

En 1975, le sénateur américain Gaylor Nelson a obligé la Marine nationale à publier le résultat des recherches qui prouvent que ces basses fréquences risquent de modifier la chimie du sang chez l'être humain. Elles peuvent également influencer les comportements humains comme on le fait avec la psychotronique.

Haarp est aussi capable d'interrompre toute forme de communication hertzienne, de modifier la météorologie, de provoquer des tremblements de terre ou des explosions aussi puissantes qu'une bombe atomique !

Le danger est d'autant plus grand que l'on n'a aucune assurance que le trou ainsi créé ne s'agrandira pas, ce qui pourrait engendrer une destruction massive de l'ionosphère sur l'ensemble de la planète. La vie sur Terre ne serait alors plus possible. C'est déjà le cas sur Mars et sur Vénus où le champ magnétique très faible et la magnétosphère presque inexistante ne permettent pas une atmosphère propice à la vie.

En outre, chaque jour, ses émetteurs brûlent environ quatre-vingt-quinze tonnes de diesel en produisant plus de sept tonnes de matières polluantes.

En résumé, le projet Haarp peut changer le climat de la Terre avec toutes les conséquences que cela implique, il peut perturber les écosystèmes et, surtout, changer nos états émotionnels et bouleverser notre comportement.

Courtenay (dix ans) en parle souvent avec ses parents. « Si ça marche, ils vont nous obliger à leur obéir et à penser comme eux. Je m'y opposerai de toutes mes forces. »

En outre, aucun des inconscients qui manient ces rayonnements ne peut prévoir ce qui se passerait si quelques milliards de watts se répandaient dans l'ionosphère pendant une tempête solaire.

La pénurie d'eau

Alors que l'eau est le principe le plus essentiel pour l'homme, puisque son corps en est constitué à 70 %, l'industrie et l'agriculture rejettent dans notre environnement des quantités de polluants que l'on retrouve dans cette eau vitale, et les pouvoirs publics accordent des dérogations aux compagnies des eaux qui dépassent les seuils officiels.

C'est ainsi que les fleuves sont devenus de vastes poubelles saturées d'insecticides et de substances particulièrement toxiques, mais aussi de métaux lourds utilisés à des fins industrielles, de nitrates, de dioxine. Qui peut mesurer les effets de ces poisons à longue échéance ?

Mais si la pollution est un risque majeur, la pénurie est encore plus menaçante et notre siècle risque de connaître des conflits géopolitiques et commerciaux liés à la maîtrise de l'eau, indispensable à la vie. Cette carence serait due à la pollution de nombreuses nappes phréatiques et à l'effrayant gaspillage des pays riches, avec la complicité des industries, de l'agriculture, du tourisme intensif et de l'inconscience des particuliers. Déjà, plus d'un milliard et demi d'êtres humains n'ont pas accès à l'eau potable et la moitié de l'humanité ne dispose pas d'un réseau d'assainissement performant.

Si nous ne prenons pas des mesures d'urgence, cette situation ne peut que s'aggraver car les réserves ne sont pas illimitées. Toute personne responsable sait que nous risquons de payer fort cher une absence de discernement dans tous les domaines et, en particulier, dans celui de l'eau.

D'après les experts, d'ici 2025, le monde n'aura plus accès qu'à un quart des eaux potables par rapport aux ressources de 1950. Toutes les eaux de surface seront consommées d'ici cent ans, et toute l'eau disponible dans le cycle de l'eau de la Terre sera entièrement épuisée d'ici l'an 2230.

Federico Mayor, ancien directeur général de l'Unesco, estime que « cette ressource rare, essentielle pour la vie, doit être considérée comme un trésor naturel faisant partie de l'héritage commun de l'humanité » et il évoque « une nouvelle éthique de l'eau », fondée sur la solidarité.

L'égalité n'existe pas en ce domaine – comme dans bien d'autres du reste – car, par exemple, un habitant des États-Unis utilise en moyenne neuf cents litres d'eau par jour alors qu'un Africain doit se satisfaire de trente litres. De même, un habitant de Gaza se contente de cinquante-neuf mètres cubes annuels lorsqu'un Islandais dépense six cent trente mille mètres cubes pour la même période. Certes, la pénurie rétablira l'égalité en la matière, mais ce moyen est-il souhaitable ?

Arthur déclarait à trois ans : « Je ferme toujours le robinet pendant que je me savonne ou que je lave mes dents. Tu sais que l'eau est rare ? Il y a même des gens qui n'en ont pas, même pas pour boire beaucoup. »

LE RÉCHAUFFEMENT PLANÉTAIRE

Alycia a quinze ans, c'est une incontestable *Indigo*, et elle participe déjà à toutes les manifestations pour la sauvegarde de la Terre. Elle refuse de manger de la viande ou des produits issus de l'agriculture intensive, milite contre l'introduction des OGM dans la nourriture, et c'est elle qui a « informé » ses parents des catastrophes qui nous menacent tous.

D'après la FAO, chaque année, neuf millions d'hectares de forêts disparaissent de la surface du globe, alors que la désertification supprime six millions d'hectares de terres cultivables, c'est-à-dire deux fois la surface de la Belgique. Les organisations internationales se mobilisent contre cette catastrophe, aggravée par les changements climatiques, mais la plupart des gouvernements restent sourds à leurs cris d'alarme. Quant aux États-Unis, ils ont refusé de ratifier les accords de Kyoto pour réduire le CO_2, accusé d'être responsable de la destruction de la couche d'ozone, sous le prétexte que cela réduirait le PNB des Américains.

Selon l'évolution du climat, au cours des prochaines décennies, l'atmosphère terrestre devrait se réchauffer de quelques degrés, en grande partie à cause de l'augmentation de la concentration du gaz carbonique, due à l'activité industrielle.

Aussi bien dans les montagnes Rocheuses que dans les Andes ou l'Himalaya, la glace fond de manière inquiétante. Cela entraînera, à plus ou moins longue échéance, des pluies diluviennes et la transformation du niveau de la mer, avec toutes les conséquences qui pourront en découler.

Les pays désertiques et prédésertiques vont devoir affronter des problèmes socio-économiques sans précédent, dont les répercussions se feront rapidement sentir au-delà de leurs frontières. Le réchauffement planétaire peut très rapidement transformer notre environnement, et n'importe quelle rupture d'équilibre de l'écosystème risque de remettre en question notre survie sur terre.

En outre, le cheptel mondial bovin produit annuellement cent mille tonnes de méthane, molécule plus dangereuse encore que le CO_2. Notre consommation excessive de viande est donc aussi préjudiciable à l'écosystème de notre planète.

LA DISPARITION DES ESPÈCES

N'oublions pas que seules 2 % des espèces qui sont apparues sur la planète existent encore aujourd'hui. Pourquoi

98 % de ces espèces ont-elles définitivement disparu ? Au début du XIXe siècle, il y avait encore trente millions d'espèces sur la terre. Il a fallu des millions d'années pour élaborer une fabuleuse variété de formes de vie, depuis les amibes unicellulaires jusqu'aux dauphins. Par contre, cent ans seulement ont suffi à l'humanité pour réduire ce nombre de moitié à cause de son inconscience.

Un autre phénomène inquiétant est l'abaissement de la fertilité chez l'homme qui, lui aussi, serait menacé d'extinction ! Cette dégradation, étudiée depuis plusieurs décennies, est indéniable et il est probable que, d'ici vingt ans, dans les pays industrialisés, 80 % des hommes pourraient se retrouver incapables de transmettre la vie, avec les conséquences que l'on imagine.

Il en est de même pour différentes espèces animales dont la stérilité croît de façon exponentielle.

Ophélie a quitté sa famille à dix-huit ans pour se rendre en Australie où elle participe à la sauvegarde des dauphins et de toute espèce menacée par l'homme. « J'aurais pu continuer mes études, mais il est plus urgent de se battre pour sauver tous ces pauvres animaux qui sont nos frères plutôt que d'apprendre des choses superflues qui ne nous serviront peut-être à rien car la Terre est menacée de disparition. »

Il est certain que ce tableau est bien noir, mais il ne représente qu'un vague survol de la situation actuelle. Qu'ont fait nos petits-enfants pour mériter un tel héritage ?

« Ce ne sont pas ceux qui font le mal qui rendent le monde insupportable, mais ceux qui regardent et laissent faire », disait Albert Einstein. Pouvons-nous continuer à laisser faire n'importe quoi au nom d'une science qui est dépassée par ses propres découvertes et qui, depuis longtemps, a perdu la notion de conscience ?

La survie de notre planète dépend essentiellement de l'action et des réflexions individuelles et chacun doit faire son choix. Ou bien nous continuons à polluer les hommes et la Terre pour le seul profit d'une toute petite minorité de gens qui détiennent la plus grande partie de la richesse mondiale ou bien nous prenons conscience de nos erreurs et réagissons rapidement.

Dans un article publié en 1966 dans le journal *Planète*, Louis Pauwels dénonçait déjà les risques déclenchés par la révolution technologique qui modifie notre conception du monde et pénètre en nous grâce aux facilités qu'elle nous propose. Pauwels craignait que l'homme finisse par rejeter ce qu'il possède de plus personnel, qu'il oublie qu'il est un être pensant : « Il s'agit donc de sauver cette essence de l'homme. Il s'agit de maintenir en éveil la pensée. » Il déplorait que chaque jour fasse disparaître des habitudes pourtant bien enracinées. « La révolution technique semble avoir pour effet principal l'arrachement, jusqu'en notre profonde intimité. Sans cesse, ce qui nous était proche nous est enlevé. Le monde se déplace sous nos pieds, se métamorphose à nos yeux. Nous commençons d'ignorer, entre la terre et le ciel, où est l'habitation paisible de l'homme. En nous-mêmes, nous ne savons plus où nous demeurons, et si même nous demeurons. »

Non seulement nous devons sauver ce qui reste de la planète, mais nous devons aussi sauver la liberté de pensée qui est tout aussi menacée.

Notre esprit cartésien, dont nous sommes si fiers, nuit à la compréhension des écosystèmes et amoindrit notre conscience écologique. En conséquence, nous ne pouvons attendre le salut de nos hommes de science ni de nos intellectuels, enlisés dans une autosatisfaction béate et un aveuglement qu'ils entretiennent avec un soin tout particulier. Ils nous ont menés à la catastrophe et sont bien incapables de nous en tirer.

C'est de nos enfants, et d'eux seuls, que dépend l'avenir de la planète et, par conséquent, le nôtre.

Il faut ajouter à toutes ces considérations matérialistes que nos esprits sont encore plus pollués que nos sols et nos mers. Sur les marchés d'intérêt national, des lobbies ont intégré la corruption comme moyen d'action privilégié et des milliers de décisionnaires échappent à tout contrôle. Dans un ouvrage corrosif, Éva Joly, magistrat, dénonce avec courage et lucidité un monde consternant mais menaçant auquel elle a été confrontée, dans lequel une élite revendique l'impunité parce qu'elle est plus forte que la loi, et où seuls les citoyens lambda auraient des devoirs.

« Nos enfants ne méritent pas ça. Pourtant, si nous laissons se décomposer l'ordre du monde, qu'ils grandissent à New York ou à Buenos Aires, dans la banlieue de Kyoto ou de part de d'autre du Rhin, ils vivront sans le savoir tout à fait sous la férule de maîtres inconnus, à la fois injustes et invisibles. »

Elle pose enfin la bonne question : « Est-ce dans ce monde-là que nous voulons vivre ? »

« Certainement pas ! » répondent en chœur les *Indigo*.

NOS ENFANTS VONT-ILS SAUVER LE MONDE ?

« Lorsque les hommes acceptent comme vérité incontestable ce que les autres leur présentent pour telle et qu'ils ne la vérifient pas, ils tombent dans la superstition. »

Léon TOLSTOÏ

Sous l'égide de l'Unesco, des savants venus du monde entier se sont réunis à Tokyo, en automne 1995, pour essayer de « réconcilier le savoir et la sagesse » et de déterminer si les nouvelles technologies sont au service de l'homme ou l'homme au service des technologies. Ces mêmes savants, et d'autres encore, s'étaient déjà rencontrés à deux reprises, à Venise et à Vancouver, pour faire le point sur les progrès scientifiques de ce siècle qui « ont montré que cette conception mécaniste de l'Univers était indéfendable d'un point de vue strictement scientifique ».

Les participants ont rappelé que la physique elle-même est régie par le fameux principe d'incertitude et que l'expérience confirme que l'Univers ne peut plus être perçu comme le prévoyait la science du XIXe siècle. Les structures que nous considérions à cette époque comme indivisibles nous révèlent aujourd'hui de nouvelles structures. Les récents télescopes, sans cesse plus performants, nous font découvrir des milliers de galaxies supplémentaires et les limites que nous assignons à l'Univers reculent sans cesse, autant sur le plan macrocosmique que microcosmique, mais la vision que nous en avons est restreinte par notre rationalisme.

Le directeur général de l'Unesco, Frederico Mayor, soutenait à Tokyo : « Chacun de nous a sa raison d'être et sa fonction dans l'équilibre cosmique. De même que la santé de notre corps ne tolère pas qu'une seule de ses cellules soit altérée sans que la question de sa survie se pose, de même, nous sommes les cellules d'un corps planétaire. La question de notre survie est posée. Il nous faut une éthique et une responsabilité individuelles et collectives qui transcendent les clivages riches-pauvres, athées-croyants, ou Orient-Occident. »

Au cours de ce colloque, Henry P. Stapp, physicien et chercheur à l'université de Berkeley, déplora : « Nous nous considérons comme moins responsables de nos actes ou pas responsables du tout parce que la science nous a appris à nous considérer non pas comme des agents d'un pouvoir créateur libre de choisir parmi plusieurs possibilités, mais comme des mécanismes à commande automatique, subordonnés à des forces sur lesquelles nous n'avons aucune prise. Après avoir ainsi sapé ce qui fondait la morale depuis toujours, la science semble n'avoir rien d'égal à offrir pour la remplacer. »

Longtemps avant les dérives actuelles de nos savants fous, Georges Bernanos stigmatisait la passivité et l'absence de responsabilité de la grande majorité des habitants de la planète : « Je pense depuis longtemps que si un jour les méthodes de destruction de plus en plus efficaces finissent par rayer notre espèce de la planète, ce ne sera pas la cruauté qui sera la cause de notre extinction, et moins encore, bien entendu, l'indignation qu'éveille la cruauté, ni même les représailles et la vengeance qu'elle s'attire… mais la docilité, l'absence de responsabilité de l'homme moderne, son acceptation vile et servile au moindre décret public. Les horreurs auxquelles nous avons assisté, les horreurs encore plus abominables auxquelles nous allons maintenant assister, ne signalent pas que les rebelles, les insubordonnés, les réfractaires sont de plus en plus nombreux dans le monde, mais plutôt qu'il y a de plus en plus d'hommes obéissants et dociles. »

Cette acceptation de l'inacceptable, cette docilité dont parle Bernanos, ne pourrait en aucun cas être imputée aux enfants *indigo* qui manifestent leur rébellion dès leur plus jeune âge. Et leur horreur du mensonge, tout aussi innée, ne peut qu'aider à changer notre vision de la vie et notre civilisation, principalement basée sur le mensonge et la désinformation.

Dans son ouvrage *5 000 jours pour sauver la planète*, le directeur de la revue américaine *The Ecologist*, Edward Goldsmith, écrivait : « Ne doutez jamais qu'un petit groupe de citoyens réfléchis et déterminés puisse changer le monde. C'est en fait par ce doute qu'on n'a jamais pu le faire évoluer. Soit nous changeons maintenant par choix délibéré, soit nous changerons plus tard – s'il en est encore temps – par nécessité, et nous en subirons les conséquences ! »

Il vaudrait mieux, effectivement, changer par choix délibéré. Or, il se trouve que l'idéal des *Indigo* est de sauver la planète. Cet idéal ne relève pas de l'ordre moral, mais de celui de la survie. Leur arrivée sur Terre n'est sans doute pas le fruit du hasard. En cette période de dangers extrêmes, cette prise de conscience d'une nouvelle génération arrive à point nommé avant que nous subissions les conséquences d'actes inconsidérés.

« Nous vivons tous dans le mystère, constatait Goethe. Nous ne savons pas ce qui se meut dans l'atmosphère qui nous environne, ni comment elle est en rapport avec notre esprit. » C'est dans ce cadre que les enfants de ce millénaire peuvent nous aider. Ils nous rapportent leur vision de l'au-delà et savent ce qui se meut dans l'atmosphère qui nous environne.

En outre, et cela est primordial, ignorant la peur et détestant le mensonge, s'ils conservent leur potentiel de sagesse lorsqu'ils seront plus âgés, ils nous débarrasseront enfin des dogmes, des idées reçues et des énormes mensonges sur lesquels est fondée ce que nous appelons notre « civilisation ».

Ils vont enfin jouer le rôle du petit garçon qui fut le seul à oser crier l'évidente réalité dans le conte d'Andersen : *Le roi est nu.*

La crise qui menace cette civilisation ne peut être comparée à un accident temporaire après lequel nous retrouverons nos vieilles habitudes. Elle met l'accent sur l'interdépendance de tous les individus, de toutes les cultures, de toutes les nations, et la nécessité d'aborder les problèmes sur le plan mondial et non en fonction d'intérêts locaux et personnels.

Un peu partout dans le monde et depuis un certain temps, quelques scientifiques avisés agitent des sonnettes d'alarme, mais la plus grande partie de la communauté scientifique refuse de les entendre. Or, les catastrophes qui nous menacent et qu'ils dénoncent ne relèvent plus de la science mais plutôt de la morale et de la philosophie, souvent même du simple bon sens, et, dans ce domaine, il n'y a aucune raison que l'expert scientifique soit plus compétent que le simple citoyen.

Depuis la nuit des temps, l'ordre de la nature a présidé à l'évolution de l'espèce humaine. Mais, depuis un siècle, imposant sa philosophie « rationaliste » et athée, le matérialisme a limité le monde à la matière et a rejeté l'Inexplicable, l'Insaisissable, autrement dit le Spirituel. Notre science triomphante stagne au niveau de la plus basse réalité, dédaignant tout ce qui la dépasse et qu'elle ne peut expliquer en regardant au bout de sa lorgnette.

Cette conception mécaniste du monde a dévalorisé la philosophie et la métaphysique, au profit de la doctrine nihiliste bien représentée par Charpak, ses comparses de l'Union rationaliste, et d'autres « positivistes » qui se réfèrent encore à Jacques Monod et à son *Hasard et la nécessité*, ouvrage pourtant obsolète au regard des découvertes de la physique moderne. Ces découvertes confirment que « la nature a horreur du hasard », comme l'affirmait déjà Spinoza, il y a près de trois cent cinquante ans, ou Voltaire qui pensait que : « Le hasard est le synonyme de Dieu quand il ne veut pas signer. » Quant à Henri Poincaré, il était encore plus formel : « Le hasard n'est que la mesure de notre ignorance. »

Pour sa part, Einstein estimait que « la nature ne joue pas aux dés », et Stephen Hawking considéré comme le successeur de Newton, et qui s'est rendu célèbre par ses travaux sur l'origine de l'Univers, considère que « l'évolution de notre univers n'est certainement pas le fruit du hasard ».

Certains astrophysiciens osent émettre l'hypothèse que l'univers a été créé en vue de l'arrivée de la vie et de l'homme. L'astrophysicien Dyson, professeur à Princeton, partage ce point de vue : « Plus j'examine et étudie en détail son architecture, plus je découvre des preuves qu'il attendait sans doute notre venue. »

Dans la nouvelle édition de son ouvrage *La Mélodie secrète*, Trinh Xuan Thuan, professeur d'astrophysique, abonde dans ce même sens : « La cosmologie moderne nous a aussi appris que l'univers a été réglé avec une précision extrême pour que la conscience (fondée sur la biochimie du carbone) apparaisse. Ce réglage, on peut l'attribuer soit au hasard, soit à un Grand Architecte. J'ai parié sur la seconde hypothèse. Ce pari, je l'ai fait, non pas en tant qu'homme de science, mais en tant qu'homme de foi. La science et la religion ne sont pas exclusives l'une de l'autre; au contraire, elles nous apportent des visions complémentaires du monde, qui enrichissent notre existence.»

Trinh Xuan Thuan aime comparer le réglage initial de l'univers à l'habileté d'un archer qui réussirait à planter sa flèche au centre d'une cible carrée d'un centimètre de côté, éloignée de plus de quinze milliards d'années-lumière. Si c'est un effet du hasard, ce «hasard» est particulièrement adroit. L'exemple se passe de commentaires.

Dans *Out of my later years,* Einstein n'hésitait pas, lui aussi, à aborder le problème de Dieu: «Bien que les domaines de la religion et de la science soient nettement délimités, il n'en existe pas moins entre eux de puissantes relations et dépendances réciproques. La situation peut être résumée par une image: science sans religion est boiteuse, religion sans science est aveugle.»

Les enfants *indigo* ont des idées bien définies sur la question. Déjà, à quatre ans, Flavio Cabobianco disait à sa mère: «Je t'aime parce que nous sommes des petites parties issues de Dieu. Tous les humains sont des petites parties issues de Dieu. Dieu est dans tous les mondes, il est séparé en parties, il est dans tous les lieux, il est aussi dans le vide.»

Cependant, les dogmes sur les concepts du temps, de l'espace, de la matière et de l'énergie dominent encore les réflexions des «rationalistes» qui tirent un tel orgueil de leur esprit «cartésien» qu'ils se sentent obligés de nier l'existence de tout ce qui pourrait remettre en cause cette vanité d'avoir raison «à tout prix». Ils ont un impact d'autant plus important que bien des gens n'ont pas pris conscience du changement radical requis par les plus récentes découvertes de la physique quantique, qui ont complètement transformé l'image que nous nous faisions de l'Univers.

Il est certain qu'à la lumière de ces découvertes, une multitude de scientifiques de très haut niveau présument que la matière n'est pas « matérielle », que la conscience de l'homme n'est pas émise par son cerveau et que la complexité des êtres vivants est telle qu'il est difficile d'expliquer leur genèse en recourant au seul processus darwinien.

Lorsque Trinh Xuan Thuan parle du finalisme de l'univers, il n'hésite pas à aborder la question de Dieu. « Le domaine de Dieu est celui du mystérieux et de l'invisible, celui de l'infiniment petit et de l'infiniment grand. Ce domaine n'appartient plus aujourd'hui exclusivement au théologien. Il est aussi celui du scientifique. »

L'homme n'est, matériellement parlant, qu'une combinaison de milliards de milliards de particules « inanimées ». Pourtant, il vit. C'est bien la preuve qu'un Être suprême a ajouté la vie et la conscience à cette combinaison d'atomes. Le hasard et la sélection naturelle n'ont jamais pu expliquer le passage de l'amibe à l'homme en plusieurs centaines de millions d'années et il existe trop de « chaînons manquants » dans la théorie darwinienne pour répondre aux questions majeures de l'évolution.

Ainsi, le nouvel esprit scientifique ne peut plus écarter avec dédain, comme il l'a fait pendant plusieurs siècles, l'idée d'un Créateur, d'un Grand Architecte, d'une force cosmique pensante, bref, l'idée de Dieu, même si certains s'évertuent à l'appeler autrement.

Actuellement, à l'instar de Protagoras dans les célèbres *Dialogues* de Platon, de nombreux physiciens pensent que « l'homme est la mesure de toutes choses ».

John Wheeler, professeur de physique à Princeton, estime que notre existence en tant qu'individus humains dépendrait, d'une certaine façon, de l'existence de tous les autres observateurs conscients. Par conséquent, l'univers existerait grâce à la conscience collective de tous les observateurs passés, présents et futurs.

Anna disait à cinq ans : « Tu sais, ce livre sur les quatre dimensions, je sais où est la quatre. Elle est en dedans de moi. »

À sept ans, Flavio Cabobianco ne se posait pas, lui non plus, de questions à ce sujet, il expliquait simplement : « Nous vivons dans un plan de l'Univers, dans la base d'une espèce de tour, dans la région la plus physique. Mais il existe beaucoup d'autres niveaux et tout est relié. L'Univers est né lorsque Dieu décida de faire une expérience, l'évolution. Nous avons tous un petit univers à l'intérieur.

« Nous pouvons imaginer l'Univers comme une tour avec différents niveaux. Aucun niveau n'est supérieur ou inférieur à l'autre. Il n'y a pas de haut ni de bas, et dans chaque partie est représentée la totalité.

« Le niveau astral est le niveau intermédiaire entre le niveau physique et la Source. C'est un niveau subtil, par où passent les âmes pour retourner à la Source. En mourant, on passe définitivement à ce niveau. Nous pouvons aussi y accéder de notre vivant grâce à un certain type d'ondes mentales ou durant le sommeil. À ce niveau, il y a l'espace mais pas de temps. »

Lorsqu'on lui demandait des précisions sur la Source, il répondait : « Il n'y a ni temps, ni espace. Il n'y a pas de polarité. C'est où l'énergie exerce un effet miroir et se reflète à tous les autres niveaux. Elle est tout : le supérieur et l'inférieur, le connu et l'inconnu, le grand et le petit. Il y a d'autres choses que je sais, mais je ne sais pas comment les expliquer. Toutes les âmes, pour aller à n'importe quel niveau, doivent toujours passer par la Source. »

Comme Flavio, Anna se trouvait parfois incapable d'expliquer avec des mots ce qu'elle savait ou voyait. « Je sais bien ce que je vois, mais il y a des gens qui ne voient rien. »

Rébecca se sent souvent frustrée par l'incompréhension que lui témoignent les autres enfants. « J'essaie d'expliquer aux autres, mais ils ne comprennent pas. Ça ne sert à rien. »

Nombre d'*Indigo* se révoltent à l'idée que l'on puisse donner à Dieu, aux anges, aux créatures célestes une apparence humaine. Pour eux, l'âme ne prend pas toujours la même apparence.

« Ailleurs que sur la Terre, on n'a pas besoin d'yeux ni d'oreilles pour voir et entendre », déclare Vanessa, quatre ans.

Quant à la notion de Paradis, les *Indigo* refusent de croire ce qu'on leur enseigne au catéchisme.

« Demander où se trouve le Paradis est une question absurde, ce qui compte, c'est l'idée qu'on se fait de ses habitants. Là où les sens sont parfaits, là est le Paradis », disait Anna.

« Le Paradis n'est pas un lieu, c'est seulement la perfection infinie », précise Nicolas, sept ans.

Ils refusent également le concept d'âme créée à la naissance de chaque individu et de la Rédemption.

Pour Flavio : « L'âme a beaucoup de manifestations dans des dimensions diverses. Mais l'âme ne peut jamais avoir une autre manifestation dans le même monde. Moi, par exemple, j'ai une manifestation où je dois expliquer à d'autres dimensions plus subtiles, comment est cette planète si matérielle.

« En même temps, sur la Terre, je dois expliquer que le monde subtil existe. C'est pour cela que je suis un "informateur" du niveau missionnaire. Les êtres missionnaires sont ceux qui exercent une influence sur les changements de niveau comme celui que nous sommes en train de vivre maintenant sur la Terre dans cette période. Certains êtres comme moi agissent incarnés dans le plan physique, et d'autres aident à partir d'un plan moins matériel. Ce sont ces derniers que certains appellent des extra-terrestres. En réalité, ils ne sont ni inférieurs ni supérieurs à nous, ils sont différents.»

Tous ces propos nous ramènent à la physique actuelle, pour laquelle la notion de «matière inerte» n'a plus de sens. La biosphère elle-même apparaît à présent comme une entité autorégulatrice qui contrôlerait l'environnement physico-chimique.

Geoffrey Chew, de l'université de Berkeley, a élaboré la théorie du «bootstrap cosmique», dans lequel l'Univers ressemble à un tissu dynamique d'événements en interconnexion. Les propriétés d'une partie de ce tissu découleraient des propriétés des autres parties et leur interaction déterminerait la structure du tissu entier. Ainsi, non seulement nous sommes solidaires des autres hommes, mais aussi des animaux, des plantes, et de toutes les constituantes de l'Univers.

Gérard de Nerval l'avait bien compris: «Tout vit, tout agit, tout se correspond... Le chœur des astres prend part à mes joies et à mes douleurs.»

Flavio Cabobianco adhérait à ces déclarations alors qu'il n'avait que huit ans: «La plupart des êtres humains vivent toute leur existence en oubliant la totalité à laquelle ils appartiennent. Ils n'ont conscience de l'unité supérieure que quand ils sont bébés, et parfois la récupèrent peu avant de mourir. Ils cherchent le bonheur à l'extérieur parce qu'ils l'ont perdu à l'intérieur. Ils souffrent à cause de leurs désirs et aussi à cause de leur dépendance envers d'autres êtres humains. Un enfant nouveau sait qu'il est une partie du Tout. Si on essaie de lui enseigner l'idée du "mien", il ne comprend pas; il ne peut dissocier le "mien" du Tout et croit alors que tout lui appartient. Il faut le laisser partager. Il y a un seul Moi pour le Tout, bien que le Moi individuel soit d'une variété infinie.»

Il était aussi en parfait accord avec l'astronome américain Harlow Shaplay, disparu en 1972, qui déclarait:

« Nous sommes frères des plus vieilles roches et cousins des nuages. »

Ces nouveaux concepts, mis à jour par les physiciens, rejoignent ce que la tradition orientale enseigne depuis toujours. L'observateur est nécessairement impliqué dans le monde qu'il observe. L'enseignement du bouddhisme tibétain ressemble à s'y méprendre à la description des champs quantiques que nous donnent les physiciens modernes. Sans avoir eux-mêmes aucune connaissance scientifique, les philosophes orientaux utilisent des termes identiques à ceux qu'emploient les physiciens actuels pour décrire leur conception du monde et la non-séparabilité quantique. Toutefois, la solidarité de l'homme avec l'Univers n'est pas une idée réservée à la tradition orientale, les Grecs l'enseignaient aussi, ainsi que Paracelse, Pic de la Mirandole, et bien d'autres.

La pensée mystique fournit donc un cadre cohérent aux théories scientifiques modernes, particulièrement à celles de la physique qui ne devrait plus, comme elle l'a fait pendant des siècles, décomposer le monde en unités autonomes existant chacune séparément. La science se trouve à présent confrontée à des phénomènes qui confirment le savoir millénaire relégué pendant trop longtemps dans le domaine des mythes. Paradoxalement, n'en déplaise à l'union rationaliste, plus la science progresse, plus elle tend à confirmer la réalité de ces mythes. À mesure qu'elle avance, ses limites reculent et ses certitudes s'amenuisent.

Toutefois, imprégnée de notre éducation essentiellement individualiste, la science persiste à faire abstraction de tout principe d'ordre supérieur, contrairement à Flavio qui disait, à quatre ans : « Dieu a fait la forme de l'être humain et il a aussi fait la forme de toutes les choses qui existent. Dieu a fait les idées des choses, et sans idées, il n'y a pas de choses. »

Avant la révolution quantique, le professeur Charles Richet, prix Nobel de médecine, constatait déjà qu'il est impossible de comprendre certains faits sans changer de paradigme. Dans son *Traité de métapsychique*, il confessait : « Et puis, pourquoi ne pas le dire hautement, toute cette science dont nous sommes si fiers n'est que la connaissance des apparences. Le fond des choses nous échappe. La nature intime des lois qui gouvernent la nature vivante ou inerte est inabordable à notre intelligence. »

Actuellement, les physiciens quantiques adoptent le même point de vue et affirment que la réalité ultime, dont dépendent les particules, nous échappera toujours et que nous ne pouvons connaître que ses apparences.

Pour Bernard d'Espagnat, puisque personne ne peut savoir ce que sont les constituants de notre univers lorsqu'ils ne subissent pas notre regard, il restera toujours impossible de décrire le réel en faisant abstraction de celui qui le décrit. L'objet même de la science physique paraît être un « construit » de l'intersubjectivité humaine ou – en d'autres termes – d'une conscience collective.

Espagnat se demande si nous n'assistons pas à une sorte de restauration de l'antique symétrie matière-conscience. Comment pouvons-nous concevoir que les atomes puissent faire partie intégrante d'une structure consciente à un certain moment et d'un objet inerte à un autre moment ? À quel stade peut-on parler de conscience en ce qui les concerne ? Pour Karl Popper, la conscience est un phénomène émergeant, non des atomes, mais de systèmes supérieurs.

De nombreux scientifiques pensent que la conscience humaine pourrait n'être qu'une expression de la conscience de l'univers.

Flavio expliquait à cinq ans : « Le un est la vie. Le zéro est le rien. Le zéro n'est aucun nombre, c'est l'infini des nombres. Et tout, le zéro et le un, le plein et le vide, c'est Dieu. »

Les vibrations de l'air sont converties en bruits et sons par notre conscience. Le frottement des atomes contre notre peau est ressenti comme une sensation tactile, les substances chimiques nous donnent une sensation de goût ou d'odeur, perçue par notre conscience. Notre volonté et notre esprit donnent des signaux à notre corps physique qui réagit aussitôt.

Sans doute avons-nous tant de mal à comprendre la parenté entre l'Esprit et la Matière, parce que nous utilisons des concepts qui appartiennent à un seul aspect du cosmos et nous les appliquons pour décrire d'autres aspects auxquels ils ne sont pas applicables.

Alors que sa mère lui demandait de ne pas remuer son pied pendant qu'elle l'habillait, Flavio lui répondit : « C'est mon pied mais moi, je ne suis pas mon pied, je ne suis pas mon corps. Je ne suis pas non plus ma tête. Je suis plus que mon corps. Je veux dire que ceci n'est pas la vraie réalité. »

Ces propos nous rappellent étrangement les interrogations de Jean Jaurès dans sa thèse de quatre cent vingt-neuf pages intitulée *De la Réalité au monde sensible*, qu'il présenta en 1891, à la Faculté des lettres de Paris. « Mon corps est mon corps, mais il n'est pas moi. Or, s'il n'est pas moi, et qu'il soit pourtant uni à moi, mêlé à moi, la situation où je me trouve est équivoque et fausse. D'un côté, cette matière unie à l'esprit est pour lui une servante et une amie ; de l'autre côté, elle est une étrangère. Dans quel état contradictoire et incertain va être le monde fait de matière et d'esprit ? »

Ce brillant politicien essayait, lui aussi, de définir la frontière entre l'esprit et la matière en posant la question : « Le monde sensible, que nous voyons, que nous touchons, où nous vivons, est-il réel ? » Pour sa part, Rimbaud disait : « Je est un autre. »

De nos jours, une partie de la communauté scientifique est en train d'élaborer d'incroyables théories sur d'autres possibilités spatio-temporelles, les énergies fondamentales, les champs bio-gravitationnels auto-organisateurs, la relation de la conscience avec la pesanteur et la prise en compte de la variable cachée manquante dans l'organisation de la matière. Les structures conventionnelles, qu'elles soient scientifiques, psychologiques, religieuses ou sociologiques, s'écroulent à un rythme accéléré, et il n'est pas pensable que cet événement n'ait pas d'incidence sur la pensée humaine ou, en tout cas, sur la pensée des jeunes générations.

« Les nouveaux êtres ont un centre mental plus grand. Les bébés qui naissent maintenant viennent d'une école plus avancée que Mars, comme le Soleil. Ces âmes nouvelles vont aider à ce que la Terre ne subisse pas un changement trop brusque ; à eux tous, ils vont produire des bonnes ondes », disait Flavio Cabobianco lorsqu'il avait six ans.

Deux ans plus tard, il confirmait : « L'humanité est en train de changer. La connexion avec le monde spirituel est plus ouverte. Tous les enfants peuvent à présent se maintenir unis à cette source spirituelle, à leur essence. »

L'ÉVOLUTION DE LA MATIÈRE

« Ce qui est formé est aussitôt transformé, et si nous voulons parvenir à une certaine vision vivante de la nature, nous avons à nous maintenir nous-mêmes aussi mobiles, aussi plastiques que l'exemple qu'elle nous propose. »

GOETHE
La Métamorphose des plantes

Depuis environ quinze milliards d'années, la matière progresse vers des états d'organisation de plus en plus élaborés. Dans sa vision de l'évolution de la matière, Pierre Teilhard de Chardin pense que l'homme est l'axe principal, la clé de l'évolution vers ce qu'il appelle le « point Oméga », but suprême de l'évolution de l'homme et du cosmos. Pour Teilhard, l'homme détient l'énergie nécessaire pour participer à l'harmonisation de cet univers.

Mais que représente précisément le phénomène humain ? Jean Jaurès se posait aussi la question de l'évolution de l'humanité : « Pourquoi l'évolution serait-elle arrivée dans l'homme actuel et normal à son dernier terme ? » Selon Teilhard et le fameux biologiste anglais Julian Huxley, l'homme est encore dans son enfance par rapport à l'évolution. Il doit devenir « ultra humain » et coopérer à l'œuvre de Dieu qui ne peut s'achever sans lui.

Le philosophe indien Sri Aurobindo partage ce point de vue et estime que l'existence humaine n'a pas encore touché à sa fin et que l'homme tel que nous le connaissons n'est que l'ébauche de celui qu'il sera un jour.

Quant au Pr Michel Bounias, biochimiste et biophysicien, trop tôt disparu en 2003, il estimait que : « L'erreur tragique des religions a peut-être été de laisser croire à l'homme qu'il devait attendre son salut de la miséricorde et de la toute-puissance divines – mais Dieu est entravé par des chaînes dont c'est, au contraire, à nous qu'il échoit de le délivrer. »

Enzio, treize ans, déclare : « Je suis venu sur Terre pour aider l'humanité à évoluer. Pour l'instant, j'apprends à vivre sur cette planète si dure, si dense, mais un jour c'est moi qui montrerai aux autres comment on vit ailleurs. »

Ainsi, l'univers serait en train de naître. Les hommes ne se trouvent donc pas au centre d'un cosmos achevé, mais ils participent à un processus de cosmogenèse. L'homme évolue en même temps que l'Univers et l'évolution de son esprit se fait à travers la matière car, s'il faut en croire le Dr Deepak Chopra : « Nous ne sommes pas des êtres humains qui font, à l'occasion, une expérience spirituelle. Au contraire, nous sommes des êtres spirituels qui vivent une expérience humaine. »

Pendant plusieurs siècles, notre culture occidentale a été conditionnée par le point de vue matérialiste qui considérait l'univers comme une gigantesque machine composée d'éléments inanimés. Les récentes découvertes de la science, qui ont révolutionné notre vision du Cosmos, ont également ouvert de nouvelles perspectives sur nous-mêmes.

La science a enfin prouvé que la matière telle que nous la connaissons n'existe pas, qu'elle n'est en réalité, comme le disait Einstein, qu'une forme condensée de l'énergie. Pour certains physiciens, cette énergie en perpétuelle interaction, c'est-à-dire la matière, ne serait que de la lumière condensée. Il est donc évident que si la matière n'est plus vraiment matérielle, il est ridicule de se raccrocher au matérialisme pour nier ce qui existe, mais qui n'est pas encore explicable par notre raison raisonnante et cartésienne.

L'astrophysicien anglais V. A. Firsoff, membre de la Royal Society, dénonce cette attitude dans son ouvrage, paru en 1967, *Life, Mind and Galaxies* : « Affirmer la seule existence de la matière et rejeter celle de l'esprit est la plus illogique des propositions, absolument étrangère aux découvertes de la physique moderne qui démontrent qu'il n'y a pas de matière au sens rationnel du terme. »

Désirant introduire la notion d'esprit dans la matière, certains scientifiques, et non des moindres, espèrent qu'une vision holistique permettra de résoudre des problèmes qui semblent insolubles pour l'instant.

De nos jours, de plus en plus de « savants », particulièrement des physiciens et des psychiatres, se penchent sur les phénomènes inexplicables, donc considérés comme « paranormaux » et, faute de pouvoir tous les expliquer scientifiquement, ils les étudient en essayant de les faire entrer dans le cadre de leur connaissance. « Si j'avais une autre vie, je la consacrerais à l'étude de l'occultisme plutôt qu'à la psychanalyse », écrivait Freud à son ami Ernest Jones.

Carl Gustav Jung n'a pas attendu une prochaine vie pour étudier ce qu'il appelle « le savoir absolu de l'inconscient ». Dans son ouvrage *Ma vie*, il constatait : « À côté de nombreux cas de prémonition spontanée, de perceptions non spatiales et autres faits analogues, dont j'ai rapporté des exemples tirés de ma vie, elles (les expériences) apportent la preuve que parfois la psyché fonctionne par-delà la loi causale spatio-temporelle ; il en résulte que les représentations que nous avons de l'espace et du temps et aussi de la causalité sont incomplètes. Une image totale de l'univers réclame, pour ainsi dire, une nouvelle dimension ; alors seulement il serait possible de donner de la totalité des phénomènes une explication homogène. C'est pourquoi, aujourd'hui encore, les rationalistes persistent à penser que les expériences parapsychologiques n'existent pas ; elles seraient fatales à la conception qu'ils ont de l'univers. »

C'est, en grande partie, grâce à ses expériences personnelles que Jung élabora la théorie de la synchronicité – qui s'écartait avec beaucoup d'audace des conceptions mécanistes de l'Univers – avec le physicien Wolfgang Pauli, père du « Principe d'Exclusion », l'un des concepts clés de la physique moderne.

Nos préjugés, issus d'un anthropomorphisme illimité et confortés par la physique mécaniste, sont encore bien enracinés dans notre conscience, mais nous savons à présent que nous avons fait fausse route. Nous ne sommes qu'un maillon dans l'évolution du cosmos et, sans doute, nous ne sommes qu'au début de l'évolution de l'homme dans l'univers. L'astronomie a détrôné l'homme de la place qu'il croyait occuper au centre de cet univers, alors qu'il n'est qu'un représentant de milliers d'êtres vivants.

Cependant, cet homme qui, pour Pascal, n'est qu'un roseau, est un « roseau pensant ». Et c'est la pensée qui doit permettre à l'homme d'améliorer sa condition présente pour parvenir à un degré plus élevé de conscience. L'homme, qui n'est qu'une infime poussière dans l'Univers, est cependant le seul être qui se pose des questions et se demande pourquoi et comment il existe.

Déjà, les Grecs avaient essayé de découvrir des réalités éternelles derrière notre univers de formes et d'apparences. Pythagore pensait qu'il existait un royaume transcendantal de nombres et d'harmonie, sans doute plus réel que le nôtre. Pour sa part, Platon suggérait que notre monde était issu d'un autre univers aux réalités immuables.

À peine âgé de trois ans, Flavio Cabobianco exprimait déjà, avec ses mots d'enfant, sa vision de l'organisation de l'Univers et de ses différents plans d'existence. Ses concepts métaphysiques surprenaient d'autant plus ses parents qu'il n'a jamais reçu d'enseignement particulier sur les sujets dont il parle volontiers : Dieu, la réincarnation, le karma, l'espace et le temps, les mondes spirituels dont il vient.

Suivant l'exemple de Socrate qui disait : « Je sais que je ne sais rien », les grands physiciens modernes savent rester modestes et connaissent les limites de leur savoir. Déjà, leurs précurseurs avouaient qu'ils ne savaient pas grand-chose de l'univers.

J. Robert Oppenheimer, qui a joué un rôle prépondérant dans la recherche nucléaire, estime que : « La science n'accorde pas de place au dogme. Un scientifique est libre de se poser toute question, de remettre en cause toute affirmation, de chercher toute preuve, de corriger toute erreur. Là où, par le passé, la science a servi à ériger un nouveau dogmatisme, ce dogmatisme s'est, à son tour, révélé incompatible avec l'évolution de la science et, finalement, le dogme a cédé, ou la science et la liberté ont péri ensemble. »

Pour sa part, Sir John Eccles, prix Nobel de physiologie et de médecine, avouait : « Il nous faut apprendre à vivre avec les problèmes qui dépassent notre compréhension actuelle, au lieu d'en nier spontanément l'existence ou la réalité. »

Il est vrai que la science moderne n'est plus certaine de détenir les bonnes réponses aux questions qu'elle se pose et les chercheurs sérieux savent que leurs affirmations ne sont que des approximations. Cependant, c'est à travers cette science que l'homme cherche des réponses capables de concilier ce qu'il sait et ce qu'il pressent.

Pour le physicien David Bohm, qui fut le protégé d'Einstein, le monde matériel que nous percevons à l'aide de nos sens ou d'instruments variés qui étendent la portée de nos organes sensoriels n'est qu'un aspect de la réalité qu'il a baptisé « ordre déployé ». Il a appelé « ordre impliqué », la matrice qui le génère et qui n'est accessible ni à nos sens, ni à l'investigation scientifique. Ce modèle d'Univers introduit un changement radical dans la compréhension de l'espace et du temps. L'espace contiendrait une énorme quantité d'énergie. Cet arrière-plan énergétique qui engendre le monde phénoménal dans lequel nous vivons serait la source même de la vie.

Pour Bohm, le vide est le point de départ de toutes choses dans l'univers, un flux subtil, incessant et intarissable, qui ne peut être décrit par notre langage, alors que le plein correspond à notre réalité visible. Toutefois, il ne peut, non plus, être décrit par des mots car il forme un tout dans lequel la matière et la conscience sont indissolubles. Tout s'interpénètre, chaque partie est le tout. L'homme est en interaction avec les autres hommes et avec la nature.

David Bohm pense que notre tendance universelle à fragmenter le monde en ignorant l'interconnexion de toutes choses est responsable de la plupart de nos problèmes, en science comme dans la vie quotidienne. Non seulement ce système ne fonctionne pas, mais il peut même amener à l'extinction de l'espèce humaine. Il pense aussi que la conscience est la forme la plus subtile de la matière. Pour lui, le fait de diviser l'Univers en choses vivantes et non vivantes est ridicule. La matière animée et inanimée est inséparablement intriquée et la vie elle-même est solidaire de la totalité de l'Univers. « Même un rocher est en quelque sorte vivant, dit Bohm, car la vie et l'intelligence sont présentes non seulement dans toute la matière, mais dans l'énergie, l'espace, le temps, et le tissu de tout l'univers. Chaque cellule de notre corps contient le cosmos entier, comme chaque goutte d'eau ou chaque grain de poussière. »

« Tu sais, expliquait Ian (trois ans) à sa mère, je parle à l'arbre et l'arbre me répond. Il a une âme, lui aussi. »

Héloïse (onze ans) s'adresse, elle aussi, aux arbres qui lui répondent également. Parfois elle reste des heures, allongée contre l'écorce, à les caresser.

Au sein de notre univers holographique, chaque partie individuelle renferme l'essence du tout. Cette essence, ou information, ne se transmettrait pas selon les modèles du temps linéaire, mais plutôt par les particules individuelles qui resteraient reliées en tant qu'éléments de la réalité globale et indivisible. Notre univers serait donc le reflet holographique d'un « hyperespace » environnant qui pourrait, à son tour, refléter un autre univers encore plus vaste, un peu comme sont imbriquées les poupées russes. Les particules qui paraissent séparées seraient reliées, à travers un passé commun, au niveau de l'ordre impliqué qui contiendrait tout ce qui est fondamental et universel. Nous retrouvons là le monde des « archétypes » de C. G. Jung.

Les spéculations de Bohm s'aventurent très loin dans l'inimaginable. Il est parvenu à la conclusion que c'est nous-mêmes qui construisons l'espace et le temps.

La NASA a découvert la théorie du champ unifié et a confirmé les thèses de Bohm et de Pribram sur la nature holographique de l'Univers. En cinq ans, entre 1994 et 1999, la NASA estime avoir autant appris sur la physique que les civilisations qui nous ont précédés depuis six mille ans. Elle est au cœur de la renaissance scientifique la plus importante de notre histoire, surpassant même les récentes découvertes sur la relativité et la physique quantique, et cet afflux de connaissance est exponentiel.

On retrouve dans ces théories scientifiques la vision du cosmos de William Blake, poète et peintre visionnaire, pour lequel chaque cellule de notre corps ainsi que chaque feuille, chaque goutte d'eau ou chaque grain de poussière contient le Cosmos : « Voir un Monde dans un grain de sable et un Paradis dans une fleur sauvage, tenir l'Infini dans le creux de sa main et l'Éternité dans une heure. »

Marcos Cabobianco a, lui aussi, une vision bien définie du cosmos et la certitude de faire partie d'un Tout. « Dieu est tout et tout ce qui existe est particule émanée de Dieu », dit-il.

Quant à Étienne Guillé, docteur ès sciences, agrégé de physiologie-biochimie, enseignant chercheur à l'université de Paris-Sud, il ne perçoit pas l'homme comme une individualité isolée, mais comme un être relié au ciel et à la terre. Il dénonce les méfaits de notre société moderne et dévastatrice, et démontre que des solutions sont possibles.

Cette unicité et l'interaction de toute chose, démontrée par la physique moderne, est enseignée depuis des millénaires par les philosophies orientales, hindouistes, bouddhistes, taoïstes, qui conseillent de dépasser le concept d'individu isolé pour s'identifier au cosmos et à la réalité fondamentale.

Les hindouistes se réfèrent à l'ordre impliqué comme à Brahman, origine de la réalité visible. À l'instar de Bohm qui prétend que l'ordre impliqué peut aussi bien s'appeler Esprit, les hindouistes nomment conscience ce même niveau de réalité. Pour eux, la conscience n'est pas seulement une forme subtile de la matière, elle est, surtout, plus fondamentale que la matière. Dans leur cosmogonie, c'est la matière qui émerge de la conscience. Comme l'enseignent les *Védas*, le monde physique naît de la projection des pouvoirs de la conscience. Comme cet univers matériel n'est qu'une émanation de la réalité transitoire et non réelle, les Hindous le nomment Maya, c'est-à-dire l'illusion.

« Cette vie est une illusion. Ce que nous sommes en train de vivre est une illusion. Parce que seule existe l'âme qui est avec Dieu », confirmait Flavio, alors qu'il n'était encore qu'un très jeune enfant.

On trouve le même concept dans la tradition judaïque. La Kabbale enseigne que la création tout entière est une projection illusoire des aspects transcendantaux de Dieu. Dans le *Zohar*, commentaire du XIIIe siècle de la *Torah*, la création est décrite par le verbe *baro*, qui implique l'idée de « créer une illusion ».

Le concept holistique des chamans de nombreux pays est en parfait accord avec le concept holographique de Bohm. Les chamans reconnaissent l'interconnexion de toutes choses et estiment que la pensée peut affecter d'autres parties de l'univers. Partout à travers le monde, les traditions chamaniques enseignent qu'il existe un flux vital qui est l'essence de toute chose, sous-jacent des formes visibles du monde.

L'idée hindouiste de la Maya considère toutes les formes comme fluides et sans cesse en transformation. Quant à la sagesse chinoise, elle fait du changement l'essence même de l'univers et écarte la notion du repos absolu. Ce n'est sans doute pas sans raison que le nom du *Yi-King*, livre fondamental de la pensée chinoise, se traduit par *Livre des Transformations*. Le bouddhisme met l'accent sur l'aspect dynamique et changeant de la matière. Pour lui, le Cosmos est vivant, mouvant, à la fois matériel et spirituel.

Le bouddhisme zen reconnaît, lui aussi, l'indivisibilité de la réalité, Toutefois, dans cette doctrine, on ne peut trouver les réponses ultimes dans les concepts intellectuels mais seulement à un niveau d'expérience non conceptuel.

Au XVIe siècle, le poète John Donne résumait très joliment ce concept d'appartenance au Tout : « La mort de n'importe quel homme me diminue. » Et le poète écossais James Thomson confirmait : « On ne touche pas une fleur sans déranger une étoile. »

Fritjof Capra, professeur de physique des particules élémentaires à l'université de Berkeley, diplômé de l'université de Vienne, a, lui aussi, réfléchi sur les similitudes entre les lois de la physique moderne et la mystique orientale. Pour lui, les particules subatomiques qui, selon la façon dont on les observe, apparaissent tantôt comme des particules, tantôt comme des ondes, ne sont pas des « choses », mais des interconnexions entre des choses, et ces « choses » sont à leur tour des interconnexions entre d'autres choses, et ainsi de suite. La théorie quantique révèle une unicité fondamentale de l'univers et démontre l'impossibilité de découper le monde en unités plus petites, douées d'une existence indépendante.

Ses travaux ramènent à l'idée du bootstrap. Dans l'univers, toute chose est connectée avec tout le reste et est déterminée par les propriétés de toutes les autres. Pour comprendre un phénomène quelconque, il faut donc comprendre tous les autres, ce qui rejoint la pensée philosophique orientale.

La thèse holographique de Karl Pribram, confirmée par de spectaculaires observations, particulièrement dans le domaine de la neurophysiologie, confirmerait que la réalité objective, celle de notre monde phénoménal, ne serait en rien celle que nous concevons depuis bien longtemps. Et la fameuse expérience du physicien Alain Aspect a confirmé l'« Indivisibilité du Tout » prônée par Niels Bohr. Les particules qui ont été réunies à un moment donné, puis qui se sont séparées, se comportent après cette séparation comme si elles étaient toujours dépendantes l'une de l'autre. Chacune paraît savoir ce que devient l'autre même lorsqu'une très grande distance accentue leur séparation. Cette expérience démontre donc que le tissu de particules subatomique qui compose notre univers semble posséder des propriétés holographiques.

Pour Pribram, la théorie holographique est très proche de la manière de concevoir la conscience des mystiques et des philosophies orientales : « Il faudra un certain temps avant que l'on se familiarise avec un ordre de réalité différent de celui du monde des apparences. Il me semble que certaines des expériences mystiques décrites depuis des millénaires commencent à paraître scientifiquement vraisemblables. Elles annoncent la possibilité de pénétrer dans un ordre de réalité (holographique) qui se trouve derrière le monde des apparences. »

Ainsi, deux penseurs scientifiques internationalement célèbres, Pribram et Bohm, sont tous deux parvenus aux mêmes conclusions, alors qu'ils travaillaient séparément dans deux disciplines bien distinctes. D'autres scientifiques, et non des moindres, tels les physiciens Bernard d'Espagnat et Brian Josephson, partagent ce point de vue.

Roger Penrose, créateur de la théorie des trous noirs, déclare : « La conscience me paraît si importante que je ne puis tout bonnement croire qu'elle soit apparue accidentellement du fait de quelques calculs compliqués. C'est seulement le phénomène par lequel l'existence même de l'Univers se fait connaître. »

Comment pouvons-nous concevoir que les atomes puissent faire partie intégrante d'une structure consciente à un certain moment et d'un objet inerte à un autre moment ? À quel stade peut-on parler de conscience en ce qui les concerne ?

Pour Trinh Xuan Thuan, « l'esprit est complémentaire de la matière, tout comme l'aspect "particule" de la matière est complémentaire de son aspect "onde" ».

Et selon Karl Popper, la conscience est un phénomène émergeant, non des atomes, mais de systèmes supérieurs. De nombreux scientifiques pensent que la conscience humaine pourrait n'être qu'une expression de la conscience de l'Univers.

Si l'Univers lui-même évolue de manière sensée, il est raisonnable de penser qu'il en est de même pour notre

Terre, c'est-à-dire Gaïa. C'est à James Lovelock que nous devons la théorie de Gaïa. Pour lui, la Terre pourrait être considérée comme une entité autorégulatrice qui posséderait la capacité de préserver sa santé en contrôlant son environnement physico-chimique. D'après ses travaux, l'atmosphère, la chimie des océans, la désagrégation des roches et la structure géologique de la Terre, tous ces systèmes sont en relation les uns avec les autres et interagissent de manière à préserver cette surprenante stabilité sans laquelle l'existence et l'évolution continuelle des organismes vivants seraient impossibles. Cet environnement est comparable à un organisme vivant que nous appelons également biosphère.

L'une des activités régulatrices de la biosphère consiste à préserver la température planétaire dans les limites nécessaires à la vie biologique. Dans ce processus, la concentration des « gaz de serre », tel le gaz carbonique dans les couches supérieures de l'atmosphère, semble jouer un rôle majeur.

Selon l'hypothèse de la causalité formative, proposée par le biologiste Rupert Sheldrake, le champ organisateur de Gaïa peut être perçu comme un champ morphique. « Ces champs animent les organismes à tous les niveaux de complexité – des galaxies aux girafes, des fourmis aux atomes. Ils structurent, intègrent et ordonnent les composantes des organismes, de manière que le système complet se développe en accord avec ses objectifs et finalités propres ; ils préservent l'intégrité du système et lui permettent de se régénérer après lésion. […] Ces activités régulatrices, comme celles des champs morphiques dans des systèmes à tous les niveaux de complexité, impliqueraient un agencement de processus autrement indéterminés et probabilistes. »

Selon Sheldrake, les champs morphiques évoluent dans le temps et dans l'espace et leur résonance n'implique pas un transfert d'énergie d'un système à l'autre, mais plutôt un transfert d'information non énergétique.

Il partage le point de vue de Lovelock sur le Cosmos avec sa force créatrice et la nature qui n'est pas une machine, une entité inerte, mais un être vivant dont nous faisons partie intégrante. Pour lui, une infinité de champs façonnent les différents types d'atomes, de molécules, de cristaux, d'organismes vivants, de sociétés, de coutumes et de modes de pensée. Ces champs sont des régions d'influence non matérielles qui s'étendent dans l'espace et se prolongent dans le temps. Ils renfermeraient une mémoire de leurs existences physiques antérieures qui est cumulative, ce qui explique que toutes sortes de faits deviennent de plus en plus habituels par répétition.

Ainsi, le champ morphique de Gaïa, qui contiendrait une mémoire inhérente, lui permettrait d'édifier des habitudes via des schèmes d'activité répétitifs. Ces travaux mènent également à une compréhension plus riche de la nature humaine, façonnée par la mémoire collective, liée à la Terre et aux cieux, à toute forme de vie, et ouverte à la puissance créatrice exprimée par l'évolution. La théorie de champ primordial unifié de Gaïa correspond à l'antique notion d'âme de la Terre.

Mais, quels que soient les concepts relatifs à la nature de Gaïa, la survie de l'humanité dépend de la sienne. Nous revenons toujours au même point. Au cours des ères géologiques qui ont précédé la nôtre, les périodes glaciaires se sont succédé, modifiant en permanence le climat et les conditions de vie. Certains de ces changements ont pu être déclenchés par des variations de l'activité solaire.

C'est grâce au champ de gravitation de la Terre que la Lune tourne autour de notre planète et ce champ relie celle-ci aux champs de gravitation du Soleil et des autres corps du système solaire.

Pour sa part, Sir James Jeans, astronome et physicien anglais, estimait que « la découverte la plus sensationnelle de la physique du XXe siècle est le fait qu'on a reconnu que nous ne sommes plus en contact avec la réalité ultime. Nous sommes prisonniers de notre caverne, le dos tourné vers la lumière et nous ne pouvons voir que les ombres sur le mur. » Comme le conseillait déjà Platon, pourquoi ne pas essayer de délaisser les ombres sur le mur et de nous tourner vers la lumière ?

Il est dommage que le vaste domaine de l'ultraconscience n'ait été exploré que par des mystiques car, dans cet état, au-delà de la conscience, les propriétés de l'esprit sont très différentes de celles qu'il possède dans son état normal. Cette exploration, si elle pouvait se faire scientifiquement, nous prouverait peut-être que nous ne sommes pas ce que nous croyons être. Mais cette exploration tente peu de scientifiques bien installés dans leurs évidences et leurs dogmes.

Dans ses *Entretiens*, Goethe constatait : « Si quelqu'un avance une nouveauté qui contredit ou menace de renverser le credo récité et transmis depuis des années, les passions se dressent contre lui et tout le monde s'unit pour l'écraser. Les hommes résistent tant qu'ils peuvent, ils font comme s'ils étaient sourds ou incapables de comprendre, ils parlent de la nouvelle conception avec mépris, comme si elle ne méritait pas le moindre examen et n'était même pas digne d'un regard : voilà comment les vérités nouvelles attendent longtemps avant de pouvoir se frayer un chemin. »

Âgée de cinq ans, Anna essayait de définir l'incapacité des hommes à comprendre certains concepts : « Les questions sont dans des boîtes et les réponses que se donnent les humains sont juste de la taille des boîtes. C'est difficile à expliquer. Les réponses entrent juste dans les boîtes, comme avec les dimensions. Si tu poses une question en deux dimensions, la réponse aussi est en deux dimensions. C'est comme une boîte, on ne peut pas en sortir. Les questions les remplissent jusqu'au bord, et puis elles s'arrêtent, c'est une prison. »

Dans son ouvrage *Hyperspace*, paru aux États-Unis en 1994, le physicien américain Michio Kaku émet l'hypothèse de dimensions parallèles, un hyperespace qui défie la raison. «Mais par définition, constate-t-il, les révolutions scientifiques défient la raison. Si nos définitions "raisonnables" de l'Univers étaient exactes, la science aurait résolu ses mystères depuis des siècles. Et l'objectif de la science est de retirer la couche d'apparence qui recouvre les objets afin de révéler leur nature profonde. Si l'apparence et la réalité étaient identiques, la science n'aurait aucune raison d'être.»

Nombre de physiciens sont persuadés que nous ne pouvons décrire notre Univers à l'aide de nos quatre dimensions conventionnelles qui sont trop réduites. Si nous ajoutons une cinquième dimension, les équations régissant la lumière et la gravitation s'assemblent comme deux morceaux d'un puzzle alors que leurs lois sont incompatibles dans nos théories à quatre dimensions.

Pour expliquer notre monde des «apparences», Michio Kaku le compare à un bassin dans lequel nagent des carpes. Passant toute leur vie dans ce bassin, les carpes s'imaginent que l'univers est limité par les parois du bassin et les nénuphars qui flottent à la surface de l'eau. Les carpes et nous-mêmes passons nos vies dans deux univers différents bien que séparés seulement par la surface de l'eau. «Je pense souvent que nous sommes comme ces carpes, nageant tranquillement dans leur bassin. Nous passons notre vie dans notre propre "bassin", certains que notre Univers consiste uniquement en ce que nous pouvons voir et toucher. Comme pour la carpe, notre univers est pour nous ce qui est familier et visible. Nous refusons d'admettre qu'il puisse exister d'autres univers ou d'autres dimensions tout près de nous, presque à notre portée. Si nos scientifiques inventent des concepts tels que des "forces", c'est parce qu'ils ne peuvent voir les vibrations qui emplissent l'espace qui nous environne. Certains scientifiques ricanent lorsqu'on mentionne d'autres dimensions uniquement parce qu'ils sont incapables de les mesurer dans leurs laboratoires. »

Einstein partageait ce point de vue lorsqu'il demandait : « Que sait un poisson de la mer dans laquelle il évolue toute sa vie ? »

Ainsi, notre vision déterministe et mécaniste de l'Univers, qui domine pourtant certaines disciplines scientifiques, est tout à fait passéiste et anachronique, et ne repose plus sur aucune base réelle.

Nous pourrions résumer les découvertes actuelles en quelques phrases qui devraient changer notre façon de penser : la matière n'est plus « matérielle », la conscience et l'énergie sont une seule et même chose, l'univers ne peut être né du « hasard », l'évolution n'est pas, non plus, due au seul hasard, et la conscience n'est pas émise par le cerveau et enfermée dans sa matière.

L'observation s'arrête donc aux apparences de l'Univers. Sa réalité reste à comprendre, elle échappe à nos sens limités, mais une vision holistique permettrait peut-être de résoudre des problèmes qui semblent insolubles pour l'instant.

À sept ans, aidé par son frère, Flavio Cabobianco dessina un schéma de l'Univers qu'il améliora à neuf ans. Il le sépara en deux niveaux, l'un abstrait, qu'il a appelé « inconcret », et l'autre manifesté, concret, avec différents plans allant des êtres primordiaux, « matière première des âmes », et du Logos, réalisateur de la pensée divine, jusqu'au plan inférieur, astral, mental, émotionnel et enfin physique. « C'est le niveau le plus dense, le plus mélangé, le plus complexe, il n'y a pas de barrières. Il est délimité par le temps et l'espace. À ce niveau, les humains développent leur cycle de naissance-mort. Y coexistent aussi des entités astrales positives et négatives, et des êtres qui organisent les formes de la vie physique. Ce niveau, de notre point de vue, est le niveau inférieur, la base de la Tour de l'Univers. Mais c'est aussi le niveau le plus élevé en densité et en condensation de la matière. Autrement dit, vu du niveau inconcret, c'est le point où règne la plus grande concentration du divin. »

Il ajouta force détails à huit ans, puis des commentaires sur son schéma de l'Univers à neuf ans. Plus tard, on lui offrit un ordinateur.

Louis de Broglie écrivait : « Nous ne devons jamais oublier combien nos connaissances restent toujours limitées et de quelles évolutions imprévues elles sont susceptibles. Si la civilisation humaine subsiste, la physique pourra dans quelques siècles être aussi différente de la nôtre que celle-ci l'est de la physique d'Aristote. Peut-être les conceptions élargies auxquelles nous serons alors parvenus, nous permettront-elles d'englober dans une même synthèse, où chacun viendra trouver sa place, l'ensemble des phénomènes physiques et biologiques. Si la pensée humaine, éventuellement rendue plus puissante par quelque mutation biologique, devait un jour s'élever jusque-là, elle apercevrait alors, sous son véritable jour que nous ne soupçonnons sans doute pas encore, l'unité des phénomènes que nous distinguons à l'aide des adjectifs "physico-chimiques", "biologiques", ou même "psychiques". »

Quant à Teilhard de Chardin, dans son *Hymne de l'Univers*, il rendait hommage à la matière : « Sans toi, Matière, sans tes attaques, sans tes arrachements, nous vivrions inertes, stagnants, puérils, ignorants de nous-mêmes et de Dieu. Toi qui meurtris et toi qui panses, toi qui résistes et toi qui plies – toi qui bouleverses et toi qui construis – toi qui enchaînes et toi qui libères… Je te salue, inépuisable capacité d'être et de Transformation où germe et grandit la Substance élue. Je te salue, universelle puissance de rapprochement et d'union, par où se relie la foule des nomades et en qui elle converge sur toutes les routes de l'Esprit. Je te salue, source harmonieuse des âmes, cristal limpide dont est tirée la Jérusalem Nouvelle. »

Dans son *Journal*, Julien Green remarque : « Notre âme, que nous connaissons si mal, est beaucoup plus au courant de ce qui se passe dans l'invisible que notre raison s'en doute. » Essayons de laisser parler notre âme et de la mieux connaître, puisqu'elle en saurait plus que notre cerveau, ce qui paraît évident à quiconque réfléchit.

Pour sa part, Louis Pauwels estime que l'esprit de la Terre, l'âme du vivant, n'ont pas fini d'émerger et que la conscience individuelle réellement éveillée entre dans l'universel. La vie personnelle, tout entière conçue et utilisée comme instrument d'éveil, se fond sans dommage dans la vie collective. « Il n'est pas dit enfin que la constitution de cet être collectif soit le terme ultime de l'évolution. Les pessimistes, devant les grands bouleversements visibles que produit cette secrète émergence, disent qu'il faut au moins tenter de "sauver l'homme". Mais cet homme n'est pas à sauver, il est à changer. L'homme de la psychologie classique et des philosophies en cours est déjà dépassé, condamné à l'inadaptation. Mutation ou non, c'est un autre homme que celui-ci qu'il convient d'entrevoir pour ajuster le phénomène humain au destin en marche. Dès lors, il n'est question ni de pessimisme, ni d'optimisme, il est question d'amour. »

Mais l'amour inconditionnel est un état qui fait de plus en plus défaut à l'homme moderne qui n'a pas le temps d'aimer.

Flavio, qui prend le temps d'aimer, disait à cinq ans : « La haine, c'est de l'amour comprimé. L'amour, par contre, n'est ni accumulé ni séparé, il est normal. »

Troisième partie

VOICI VENU LE TEMPS DES MUTANTS

UNE NOUVELLE HUMANITÉ

« Celui qui ne sait pas et qui ne sait pas qu'il ne sait pas, fuis-le.
Celui qui ne sait pas et qui sait qu'il ne sait pas, éduque-le.
Celui qui sait et qui sait qu'il ne sait pas qu'il sait, éveille-le.
Celui qui sait et qui sait qu'il sait, suis-le. »

Proverbe chinois

L'évolution biologique de l'espèce humaine a cessé il y a environ cinquante mille ans. En structure et en volume, notre corps et notre cerveau sont toujours les mêmes que pendant la préhistoire, et leur développement n'a rien à voir avec la génétique, il reste essentiellement social et culturel.

Notre civilisation nous a fait perdre le contact avec nos racines plus que tout autre culture dans le passé, et cette séparation se manifeste par une prodigieuse divergence entre notre développement intellectuel et nos connaissances scientifiques d'une part, et notre manque de sagesse et d'éthique d'autre part. Nous sommes même parvenus à une situation absurde, car, si nous sommes capables d'envoyer des engins dans l'espace ou sur de lointaines planètes, si nos ordinateurs accomplissent des miracles, nous restons néanmoins incapables de nous donner les moyens de contrôler les déchets radioactifs ou même de gérer les émanations polluantes de nos voitures et de nos usines.

D'ailleurs, si au cours du XXe siècle nous avons enregistré de fabuleux progrès technologiques, depuis deux mille cinq cents ans, nous n'avons pas évolué d'un iota sur le plan moral ou spirituel.

Il est aujourd'hui indiscutable que l'hérédité est transmise par les gènes qui sont parfaitement protégés contre le milieu extérieur. Cependant, il semblerait que les radiations ionisantes, les rayons cosmiques et même certains poisons peuvent les affecter. On a, de la sorte, observé que la fréquence des mutations est proportionnelle à l'intensité de la radioactivité qui est aujourd'hui très supérieure à ce qu'elle était au début du siècle dernier. Ainsi, entre autres causes, la radioactivité pourrait provoquer une modification des gènes chez certains individus.

Jack Dupré, à la fois cabbaliste et scientifique issu du Conservatoire National des Arts et Métiers, pose la question :

« Ces enfants *indigo*, le sont-ils de nos jours à cause d'un banal changement quelconque de la Terre, ou bien eux et elle subissent-ils l'action d'un facteur qui dépasse – et de loin ! – notre immédiat environnement ? L'une des prérogatives de ces petits phénomènes ne serait-elle pas de mettre en lumière et d'incarner, enfin, la nature majestueuse et sacrée de ladite radioactivité (l'activité radiante), le Verbe de saint Jean ? »

Dans leur ouvrage intitulé *The Nature of Living Thing*, deux savants américains, C. Brooke Worth et Robert K. Enders, ont tenté de démontrer qu'une nouvelle race d'hommes, génétiquement différente et dotée de pouvoirs intellectuels supérieurs, est en train de naître.

De son côté, le généticien Lewis Terman a étudié pendant trente ans les enfants prodiges. Il en a tiré des conclusions assez semblables. Alors qu'autrefois la plupart des enfants prodiges perdaient leur don en parvenant à l'âge adulte, il semblerait qu'ils deviennent à présent des adultes d'une intelligence incomparable, avec une activité trente fois supérieure à la normale et un « indice de réussite » qui serait multiplié par vingt-cinq. D'autre part, leur santé est parfaite, ainsi que leur équilibre, aussi bien sentimental que sexuel, et ils paraissent ignorer le cancer et échapper aux maladies psychosomatiques. Le phénomène est si manifeste que le docteur Sydney Pressey, de l'université de l'Ohio, s'est investi dans l'instruction des enfants précoces qui, d'après lui, pourraient fournir trois cent mille esprits supérieurs par an.

Déjà, dans son ouvrage *Le Matin des magiciens*, Louis Pauwels racontait que, dans le courant de l'hiver 1956, le docteur J. Ford Thomson, psychiatre du service d'éducation de Wolverhampton, reçut dans son cabinet un petit garçon de sept ans qui inquiétait fort ses parents et son instituteur.

« Il n'avait évidemment pas à sa disposition les ouvrages spécialisés, écrit le docteur Thomson. Et s'il les avait eus, aurait-il pu seulement les lire ? Cependant, il connaissait les réponses justes à des problèmes d'astronomie d'une extrême complexité. »

Stupéfait par ce cas, le médecin décida de mesurer le niveau d'intelligence des écoliers en étudiant cinq mille enfants à travers toute l'Angleterre, aidé dans son enquête par le conseil de Recherches médicales britanniques, des physiciens de Harwell et de nombreux professeurs d'universités. Après dix-huit mois de travaux, il lui parut certain qu'il se produisait « une brusque poussée de fièvre de l'intelligence ».

Le docteur Thomson précisait : « Dans les derniers quatre-vingt-dix enfants de sept à neuf ans que nous avons questionnés, vingt-six avaient un quotient intellectuel de 140, ce qui équivaut au génie, ou presque. Je crois que le strontium 90, produit radioactif qui pénètre dans le corps, pourrait en être responsable. Ce produit n'existait pas avant la première explosion atomique. »

Au sujet des conséquences de Tchernobyl, un article paru dans *Le Monde diplomatique* du 20 avril 1996 signalait que des souris étudiées sur place portent dans leur ADN la trace d'une « évolution phénoménalement accélérée », autrement dit « une évolution comparable à ce qu'elle serait normalement au bout de dix millions d'années ».

Selon des chercheurs d'Harvard, ces changements génétiques expliquent en partie l'abondance d'animaux dans la zone d'exclusion. L'un d'eux confiait son impression : « La campagne aux alentours de Tchernobyl sera repeuplée dans les années à venir, mais plus par des plantes, des insectes et des souris génétiquement adaptés que par des humains. »

Ce qui n'empêche pas les humains de s'adapter à ces nouvelles conditions de vie lorsqu'ils échappent au danger nucléaire immédiat, c'est-à-dire le cancer. Ces nouvelles générations d'irradiés renforcent au fur et à mesure leurs défenses naturelles en se modifiant afin de survivre immunisés et protégés par de nouveaux anticorps.

Dans les environs de Tchernobyl, des arbres munis de protubérances ont poussé au cours du printemps 1986. Des feuilles d'érable ont doublé de volume, ainsi que d'autres espèces végétales. Dans le village de Tcharnov sont apparues des fleurs jamais vues auparavant.

Quelques jours après l'explosion du réacteur numéro 4, des paysans signalaient des œufs de poules gros comme des balles de tennis.

Le même phénomène s'était passé à Three Mile Island, aux États-Unis, après la catastrophe de la centrale de Pennsylvanie, où les betteraves ont décuplé et les feuilles d'érable ont triplé de volume.

La pollution radioactive s'est donc montrée un puissant stimulateur de croissance, comme cela s'était déjà passé à Hiroshima et dans l'île de Bikini, où de nouvelles espèces végétales sont apparues.

Venues de régions irradiées, les baleines peuvent communiquer par vibrations sur des distances de dix mille kilomètres, et former dans les océans de véritables nasses de communication. Elles semblent posséder à présent une conscience télépathique qui leur permet la communication instantanée.

Il est ainsi possible qu'une nouvelle race de mutants ait acquis, ces dernières années, une conscience différente et des perceptions inusitées, ainsi qu'un corps nouveau mieux adapté aux transformations de l'environnement.

La NASA a déjà cultivé dans l'espace des lymphocytes qui produisent les immunoglobulines aidant à lutter contre les infections et le cancer. Or, en apesanteur, les bactéries se reproduisent d'une manière qui accroît la résistance de leurs rejetons aux antibiotiques. Lorsqu'elles s'accouplent, elles échangent à travers leurs membranes de grandes quantités d'ADN, c'est-à-dire une grande partie de leur code génétique. Cela entraîne des mutations, plus fréquentes d'une génération à l'autre, et les bébés bactéries apprennent à vivre en milieu hostile, donc à résister aux antibiotiques.

Il n'est pas exclu que ce comportement puisse s'étendre à l'homme qui intègre toutes les modifications de la radioactivité. Ce qui permettrait de supposer que les accidents nucléaires et les bains de radioactivité auxquels l'humanité est soumise depuis plus de cinquante ans – et qui nous semblent toujours terrifiants – ne seraient que de terribles coups d'accélérateur de l'évolution, dont la finalité échappe encore à notre compréhension.

N'oublions pas qu'en ukrainien, Tchernobyl veut dire «absinthe», et Absinthe est le nom de l'étoile qui jette son feu sur la terre, dans l'Apocalypse de Jean. Or, en grec, ce mot signifie «révélation». Et la Bible nous signale qu'un grand astre brûlant tomba du ciel, qu'un tiers des eaux se changea en absinthe et que bien des gens moururent de ces eaux devenues amères. Cette description pourrait fort bien s'appliquer aux catastrophes nucléaires et à la contamination de la population.

Les explosions atomiques génèrent sans doute des effets cumulatifs, et les radiations qu'elles propagent multiplient leurs conséquences de manière exponentielle. En outre, durant trois quarts de siècle, le radium a été utilisé partout dans le monde sans aucun contrôle sérieux. Alors que nous n'avons aucune idée des effets à long terme de ce rayonnement sur l'espèce humaine, de nombreuses industries utilisent couramment aussi bien les rayons X que certains produits chimiques radioactifs. À vrai dire, nous sommes totalement ignorants en matière de mutations.

Cependant, toutes ne sont pas forcément défavorables. Au cours d'une conférence atomique à Genève, Sir Ernest Rock Carling, pathologiste attaché au Home Office, déclarait: «On peut aussi espérer que, dans une proportion limitée de cas, ces mutations produisent un effet favorable et créent un enfant de génie. Au risque de choquer l'honorable assistance, j'affirme que la mutation qui nous donnera un Aristote, un Léonard de Vinci, un Newton ou un Einstein, compensera largement les quatre-vingt-dix-neuf autres qui auront des effets bien moins heureux.»

Sans adhérer aux idées eugénistes de ce médecin, ces propos ne peuvent nous laisser indifférents car, pour lui, des mutations sont inévitables.

Parmi ces mutations, celle de l'ADN reste à étudier car les *Indigo* semblent posséder un ADN particulier.

L'ADN, ou acide désoxyribonucléique, présent dans chacune des cellules du corps et porteur de l'information génétique de l'espèce ou de l'individu, est composé de substances chimiques qui forment une sorte d'alphabet. Les mots ainsi créés par ces lettres ne sont autres que les acides aminés, absolument essentiels à la vie. Ses quatre acides nucléiques étant assemblés par groupes de trois, l'ADN humain comporte donc soixante-quatre codons, c'est-à-dire soixante-quatre combinaisons possibles, qui permettent de coder vingt acides aminés. Ce qui indiquerait que certains codons sont redondants, ou qu'ils ont rempli une fonction dans le passé, ou alors qu'il s'agit d'un excédent tout juste bon à jeter à la poubelle.

Mais il n'est pas, non plus, impensable de chercher l'utilité de ces codons dans le futur. Or, étant donné que, d'après certains chercheurs, les *Indigo* sembleraient posséder quatre codons différents, on peut imaginer que ces derniers servent à coder de un à quatre acides aminés nouveaux, et donc, puisque ces acides sont les constituants principaux des protéines, il se pourrait qu'apparaissent chez ces enfants de nouvelles protéines, dotées de propriétés exceptionnelles et capables, notamment, d'accroître les défenses immunitaires. De telle sorte qu'un surplus d'ADN pourrait être codant chez ces enfants et leurs gènes pourraient receler moins d'introns, signe de supériorité évolutive. On peut ainsi imaginer que nous sommes en train d'assister à une véritable mutation de l'être humain.

Il y a quelques années, s'est tenu à Mexico un Congrès mondial de Génétique dont le principal sujet était la modification de l'ADN. D'après les participants, nous serions en train de vivre une modification évolutive, mais nous ne savons pas encore en quoi consiste ce changement.

Certains chercheurs avancent même l'idée qu'en plus de ces quatre codons différents, les enfants *indigo* pourraient posséder une nouvelle hélice d'ADN, ce qui représenterait une sécurité supplémentaire face aux problèmes de mutations de l'ADN. En effet, cette hélice supplémentaire pourrait remplacer une hélice défaillante et permettre ainsi la production d'une protéine normale, malgré les changements qui interviendraient dans le génome.

Mais il pourrait aussi, et cette hypothèse est séduisante, s'agir plutôt d'un nouveau champ magnétique.

Certains chercheurs ont également émis l'idée que l'ADN permettrait de changer la conscience. Pourquoi, au contraire, ne pas supposer que puisque l'ADN est un excellent conducteur d'électricité et qu'il forme donc un champ magnétique, c'est grâce à leur conscience que les *Indigo* parviennent à modifier leur ADN ? Ce qui expliquerait cette extraordinaire résistance qu'ils présentent aux maladies, y compris en ce qui concerne la contamination par le VIH.

Chaque pensée modifie le potentiel d'hydrogène d'une partie du cerveau, qui transforme à son tour le potentiel électrique des fluides présents entre les membranes de la cellule humaine. Nous possédons une centaine de milliards de cellules dans le corps, chacune étant semblable à un micro-assemblage électrique qui analyse les informations reçues à chaque instant. Il est évident que ces cellules peuvent alors modifier l'état d'un organe, c'est-à-dire l'ensemble du corps, ce dernier n'étant pas constitué d'un certain nombre d'organes indépendants, mais d'un ensemble parfaitement dépendant qui émet un champ énergétique. Il ne s'agit plus d'opposer deux aspects d'une même réalité, mais de comprendre de quelle façon ils s'enchevêtrent.

« Des études prouvent que la méditation peut renforcer notre système immunitaire », annonçait John Fauber dans le *Milwaukee Journal Sentinel*, le 3 février 2003. C'est la première fois que des scientifiques parviennent à évaluer les changements bénéfiques produits par la méditation dans notre système immunitaire ainsi que dans l'activité cérébrale.

L'étude a été menée par l'université du Wisconsin-Madison, sur un groupe de vingt-cinq employés de la firme de biotechnologie Promega, à Fitchburg, dans le Massachusetts, qui ont pratiqué un programme de huit semaines de méditation. Après cette période, on leur a injecté le virus de la grippe, ainsi qu'à seize autres personnes qui ne faisaient pas partie du programme de méditation. Lorsqu'on rechercha les anticorps un à deux mois plus tard, ceux qui avaient pratiqué la méditation avaient un taux d'anticorps bien plus élevé que les autres. « Certains changements ont duré quatre mois après la fin des essais », signale Richard Davidson, professeur de psychologie et de psychiatrie de l'université qui a dirigé l'étude.

En moyenne, ceux qui pratiquent la méditation accroissent leurs anticorps de 5 % mais certains peuvent atteindre le chiffre de 25 %, précise le Dr Davidson. L'étude devait être publiée dans le journal *Psychosomatic Medicine*.

Il y a déjà plusieurs années que des chercheurs présumaient que la méditation pouvait améliorer le système immunitaire. Ainsi, dès 1995, une étude parue dans le *British Journal of Sports Medicine* démontrait que la méditation pouvait supprimer les effets du stress sur le système immunitaire. Une autre étude datant de la même époque, parue dans le journal *Psychological Reports*, montrait que la méditation et l'hypnose amélioraient certaines cellules chez des hommes qui étaient positifs au VIH.

À travers les enfants *indigo*, nous pourrions être en train d'assister à une mutation de l'humanité, à moins qu'il ne s'agisse que d'un épiphénomène, ce qui serait surprenant.

Les changements d'ADN sont rares, mais ils se sont déjà produits en ce qui concerne le sang humain. En effet, il y a environ quinze mille ans, il n'existait qu'un seul type sanguin chez l'homme, quelles que soient sa race et la couleur de sa peau, c'était le type O. À l'époque, les hommes se nourrissaient presque exclusivement de viande.

Plus tard, devenus sédentaires, les hommes cultivèrent des grains et des légumes, et leur alimentation se transforma peu à peu. Ce changement de diète causa une mutation de leur ADN, et un nouveau sang apparut, entre vingt-cinq et quinze mille ans avant J.-C., le type A.

Au cours des millénaires, le type sanguin humain changea encore plusieurs fois, influencé par la diète et peut-être aussi les changements de climat. Le groupe B apparut entre quinze mille et dix mille ans avant J.-C. sur les hauts plateaux de l'Himalaya, et ce groupe est celui qui possède les limites géographiques les plus précises. On le trouve principalement en Asie et il est beaucoup plus rare en Europe occidentale. Quant au groupe AB, il représente moins de 5 % de la population mondiale et n'existe que depuis un peu plus de mille ans.

Ainsi, nous avons actuellement quatre groupes sanguins, mais nous ignorons si un nouveau groupe ne va pas apparaître en raison de nos changements alimentaires et environnementaux. Notre sang véhicule une infinité de mémoires génétiques, d'informations léguées par nos ancêtres et c'est lui qui détermine notre résistance aux agressions extérieures, qu'il s'agisse de virus et de bactéries, ou d'agressions chimiques ou psychologiques.

Pour en revenir aux récentes mutations génétiques, la première d'entre elles fut découverte en Chine en 1974, chez un jeune garçon qui pouvait « voir » avec ses oreilles. À la même époque, d'autres enfants manifestèrent les mêmes possibilités. Le porte-parole du gouvernement chinois affirma alors que lorsqu'on bandait les yeux de ces enfants, ils pouvaient voir sans peine avec leurs oreilles, leur nez, leur bouche, leurs aisselles, leurs mains ou leurs pieds. Chaque enfant était différent, mais tous « voyaient » parfaitement.

Ainsi, en Chine, les enfants dotés de pouvoirs supranormaux sont légion. Paul Dong et Thomas E. Raffill ont répertorié dans leur ouvrage *China's Super Psychics* (Les superpsychiques de la Chine), ce qui se passe en Orient à propos de ces nouveaux enfants psychiques.

Lorsque la direction du magazine américain *Omni* eut vent de ce phénomène, bien qu'elle fût persuadée qu'il s'agissait d'une supercherie, elle envoya dans ce pays une équipe pour observer quelques-uns de ces petits génies que l'on venait de signaler. Forts de leurs soupçons, les envoyés d'*Omni* testèrent les enfants avec un soin des plus rigoureux, vérifiant les moindres détails, et l'article fut publié dans le numéro de janvier 1985.

L'un des tests consistait à choisir au hasard un livre dans une pile pour ensuite l'ouvrir à une certaine page, également prise au hasard. La page était alors déchirée et froissée, puis roulée en une petite boule, et enfin placée sous l'aisselle de l'un des sujets. Tandis qu'on notait leurs paroles, les enfants déchiffrèrent chaque mot du texte comme s'ils le lisaient. Les phrases étaient parfaitement identiques ! L'équipe d'*Omni* dut admettre la réalité du phénomène, mais personne ne put l'expliquer. D'autres magazines, dont le prestigieux et très sérieux *Nature*, envoyèrent à leur tour des experts pour tester ces enfants et durent reconnaître l'authenticité du phénomène.

Selon Paul Dong, ces jeunes firent également preuve d'autres capacités psychiques toutes aussi difficiles à admettre. Ainsi, lors d'une démonstration particulièrement spectaculaire, alors qu'environ un millier de spectateurs avaient, chacun, reçu un bouton de rose à l'entrée, une petite fille d'environ six ans marcha toute seule jusqu'au milieu de la scène et fit face à l'auditoire. Sans dire un mot, elle fit un petit signe de la main et chaque bouton commença lentement à s'ouvrir jusqu'à devenir une rose épanouie. Ce fait se produisit à plusieurs reprises.

Paul Dong rapporte aussi comment cinq mille jeunes enfants, tous testés avec soin par les représentants du gouvernement chinois, réussirent à dématérialiser des pilules qui se trouvaient à l'intérieur d'une petite bouteille scellée, pour les re-matérialiser sur la table, à côté du flacon vide, mais toujours scellé. La séance fut enregistrée par une caméra.

D'après les officiels chinois qui ont dirigé l'expérience, ces jeunes surdoués auraient été capables de changer une molécule d'ADN devant une équipe scientifique munie d'appareils qui purent enregistrer ce tour de force. Dans son ouvrage, Paul Dong cite d'autres facultés psychiques manifestées par ces enfants.

Alors que le nombre de ces jeunes surdoués augmentait considérablement dans la population, le gouvernement chinois a mis dix ans à admettre ces prodiges, mais, en 1997, il avait identifié plus de cent mille « super psychiques ». Lorsqu'il a enfin compris ce que représentaient ces surprenantes facultés, il a fait ouvrir des écoles pour aider cette extraordinaire génération.

De nos jours, dans ce pays, chaque fois qu'on découvre un nouvel enfant ayant ce genre de pouvoir, il est envoyé dans l'une de ces écoles. À ce sujet, un fait est saisissant : lorsque des enfants « normaux » sont mis en présence de ces surdoués, ils deviennent capables d'accomplir les mêmes exploits.

Ceci nous rappelle ce qui s'est passé, il y a plus de vingt ans, avec Uri Geller, le célèbre sensitif israélien, ou, en France, avec Jean-Pierre Girard, tous deux capables de tordre des objets en métal simplement en les regardant. Au cours de certaines émissions de télévision, des centaines de jeunes qui les regardaient avaient, à leur tour, tordu des objets en métal, simplement en voyant le phénomène se produire devant eux. Pour sa part, c'est en observant Uri Geller à la télévision, que Jean-Pierre Girard a découvert ses propres dons.

Le même genre d'événement se produisit dans la ville de Mexico, où environ mille jeunes purent, eux aussi, lire avec différentes parties de leur corps. Ces enfants mexicains sont capables de voir avec les mêmes parties du corps que les enfants chinois. Il semblerait donc que la mutation de l'ADN se soit produite sur plusieurs continents.

Après cet exploit, quinze enfants européens doués de pouvoirs supra-normaux furent testés à leur tour par le Stanford Institute qui ne put jamais détecter la moindre fraude. Les résultats de ces recherches, menées par cette prestigieuse université, furent publiés dans le magazine *Nature* d'octobre 1974. Le *New York Times* commenta l'événement et signala que la communauté scientifique avait été mise en demeure d'accepter l'existence des perceptions extra-sensorielles. Cependant la science officielle refuse toujours d'accepter la véracité de cette perception et des capacités psychiques.

Drunvalo Melchizédek a étudié la physique à l'université de Berkeley, en Californie. Dans son ouvrage *Le Secret de la fleur de vie*, il raconte comment, en juillet 1999, à Denver, au Colorado, une jeune femme mexicaine de dix-huit ans, nommée Inge Bardor, put démontrer directement sa capacité de voir avec les mains ou les pieds.

On lui avait bandé les yeux, puis placé sous les pieds des photographies de participants qui se trouvaient dans la salle. Elle saisit une photo, la décrivit d'abord correctement comme si elle l'avait regardée avec ses yeux, puis donna ensuite des informations qu'il lui était impossible de connaître par des moyens normaux. Elle fournit également des renseignements précis sur les lieux où la photo avait été prise et sur ce qui se trouvait en dehors du champ de la caméra, telle la présence d'un lac ou d'un bâtiment particulier.

Elle parvint aussi à décrire la personne qui avait tenu l'appareil, les vêtements qu'elle portait ce jour-là, et même ce qu'elle pensait au moment de la scène. Quand on lui présenta une photo prise à l'intérieur d'une maison, elle fut capable de se promener psychiquement à l'intérieur et décrivit ce qui s'y trouvait.

Melchizédek raconte aussi qu'en septembre 1999, alors qu'il se trouvait en Russie, il eut l'occasion de discuter de ces enfants avec de nombreux scientifiques russes qui lui confirmèrent, en privé, que ce qui se passe en Chine se produit aussi en Russie. « De nos jours, des milliers de jeunes Russes font montre du même genre de capacités psychiques. Je suis convaincu que ces trois nouveaux types d'humains (et peut-être plus) constituent vraiment un phénomène mondial, quelque chose qui changera l'expérience humaine sur la planète Terre à tout jamais. »

S'agit-il là d'une mutation de l'espèce humaine ? Assistons-nous à l'apparition d'êtres qui nous ressemblent encore, mais qui sont déjà différents ?

Chez ces mutants encore imparfaits, des qualités mentales remarquables se mêlent à des défauts physiques, mais les capacités exceptionnelles de ces enfants les distinguent des autres et surtout des générations précédentes. Si ces enfants ne peuvent pas changer notre monde, personne d'autre ne pourra le faire car ces êtres se révèlent parfaitement capables de démontrer leur pouvoir sur la matière. Il semblerait que leur pensée puisse se matérialiser, devenir réalité. Cette action s'explique grâce au théorème de Bell qui confirme que « les particules sont reliées de façon intime et immédiate », c'est-à-dire hors de l'espace et du temps au niveau du champ magnétique.

Et, comme le signale la biologiste Jacqueline Bousquet : « Nous allons passer par des temps où notre pensée sera “fonctionnelle” dans l'immédiat, et, comme nous sommes le résultat de nos pensées passées, elles ne seront plus “non adaptées au présent”, ce qui veut dire que nos concepts se réaliseront très vite. Donc, attention à ce que nous acceptons de croire, c'est le moment de croire aux miracles ! »

Dans son ouvrage intitulé *Walking between the Worlds, The Science of Compassion* (Marcher entre les mondes, la science de la compassion), Gregg Braden se penche à son tour sur le problème des « enfants du sida » qui auraient changé leur ADN à cause du VIH ou virus du sida :

« Si nous nous définissons génétiquement, cette nouvelle espèce semble différente en ce qui concerne l'ADN, même si l'apparence physique de ces personnes, qui pourront être nos amies ou même nos propres enfants, est normale et sans caractéristiques visibles particulières. Au niveau moléculaire et au-delà de ce que les yeux peuvent percevoir, ces enfants se sont mis à incarner en eux-mêmes des possibilités génétiques qui n'existaient pas il y a quelques années. Il y a, dans la littérature scientifique, un phénomène que l'on appelle la mutation génétique spontanée. "Spontanée" parce que cette mutation semble s'être passée au cours de la vie présente de l'individu pour parer à quelque menace, plutôt que d'apparaître comme un nouveau code à la naissance. Dans ces cas précis, il semble que le code génétique ait appris à s'exprimer d'une nouvelle manière, ce qui permet à l'individu de pouvoir survivre. »

Chez la plupart de ces enfants, le système immunitaire est très supérieur à la moyenne, mais l'immunité de ces enfants contre une infection par le virus du sida peut parfois se révéler jusqu'à trois mille fois supérieure à la normale.

Les résultats d'une étude, publiés dans le *Science News* du 17 août 1996, confirment qu'environ un pour cent de la population testée a maintenant développé des mutations génétiques qui la rendent résistante à l'infection par le VIH.

Si l'on se fie aux affirmations de Gregg Braden, on peut considérer que soixante millions d'enfants et d'adultes à travers le monde, soit un pour cent de la population mondiale, ont trouvé moyen de changer leur ADN et de s'immuniser complètement contre le sida. Leur système immunitaire se révèle sans failles. Après les avoir testés pour d'autres infections, on a pu constater qu'ils peuvent résister à la plupart des maladies. Il est évident que de nombreuses expériences restent encore à accomplir.

Des chercheurs ont également découvert que de plus en plus d'adultes ont muté exactement de la même manière que ces enfants, en renforçant leur système immunitaire.

Drunvalo Melchizédek explique cette mutation par l'exemple, bien connu, du centième singe. Voulant retirer les grains de sable de la nourriture qu'on lui jetait sur une plage du Pacifique, une jeune guenon se mit à laver sa patate dans l'eau de mer avant de la manger. Peu à peu, les autres singes commencèrent à l'imiter et ce phénomène de lavage de la nourriture se répandit en un seul jour sur d'autres îles avoisinantes, peuplées de colonies de singes. Ensuite, il gagna même le continent japonais.

Ce phénomène relève de la théorie du champ morphogénétique qui existe tout autour de la Terre et relie les êtres entre eux. Ainsi, de très nombreux cas prouvent bien que des inventions se produisent en même temps en des points très éloignés les uns des autres, et par des chercheurs qui s'ignorent totalement.

À partir d'un certain point – telle une masse critique d'individus appelée le centième singe – il est possible que ce principe s'applique aux changements d'ADN des enfants *indigo*. « Et selon le principe du centième singe, nous deviendrons aussi capables qu'eux », conclut Melchizédek.

D'ailleurs, la prise de conscience est déjà là et la mutation des citoyens du monde s'accomplit lentement, semble-t-il. Nous sommes déjà nombreux à partager le désir de changement et chacun d'entre nous ressent intuitivement cette urgence. Une étude américaine tend à prouver que 26 % des adultes américains auraient déjà effectué cette grande mutation des temps nouveaux, après avoir pris conscience de la nécessité de cultiver en eux-mêmes une dimension intérieure, qu'ils qualifient volontiers de spirituelle.

En 1942, l'écrivain André Breton, père du Surréalisme, abordait, lui aussi, ce problème : « L'homme n'est peut-être pas le centre, le point de mire de l'univers. On peut se laisser aller à croire qu'il existe au-dessus de lui, dans l'échelle animale, des êtres dont le comportement lui est aussi étranger que le sien peut l'être à l'éphémère ou la baleine. Rien ne s'oppose nécessairement à ce que des êtres échappent de façon parfaite à son système de références sensoriel à la faveur d'un camouflage de quelque nature qu'on voudra l'imaginer, mais dont la théorie de la forme et l'étude des animaux mimétiques posent à elles seules la possibilité. »

Pour lui, il est certain que cette idée débouche sur un large champ spéculatif. « [...] il ne serait pas impossible, au cours d'un vaste ouvrage auquel ne devrait jamais cesser de présider l'induction la plus hardie, d'approcher jusqu'à les rendre vraisemblables la structure et la complexion de tels êtres hypothétiques, qui se manifestent obscurément à nous dans la peur et le sentiment du hasard. »

Émile Duclaux, ancien directeur de l'Institut Pasteur, se posait le même genre de question : « Autour de nous circulent peut-être des êtres bâtis sur le même plan que nous, mais différents, des hommes, par exemple, dont les albumines seraient droites. »

Se réfugiant dans la « logique », certains pensent que si des individus supérieurs vivaient parmi nous, cela se saurait. Or, dans un éditorial de la revue *Astounding Science Fiction*, paru en 1941, John W. Campbell démontrait que ce n'est pas évident : « Nul ne va trouver son médecin pour lui déclarer qu'il se porte magnifiquement. Nul n'ira chez le psychiatre pour lui faire savoir que la vie est un jeu facile et délicieux. Nul ne sonnera à la porte d'un psychanalyste pour déclarer qu'il ne souffre d'aucun complexe.» Nul, non plus, ne va crier sur les toits qu'il est différent, surtout s'il est réellement plus évolué que nous et qu'il en est conscient.

À ce sujet, Louis Pauwels explique, toujours dans *Le Matin des magiciens* : «Un homme génial, appartenant à notre espèce, un Einstein, par exemple, publie les fruits de ses travaux. Il se fait remarquer. Ce qui lui vaut beaucoup d'ennuis, de l'hostilité, de l'incompréhension, des menaces, l'exil. Einstein, à la fin de sa vie, déclare : "Si j'avais su, je me serais fait plombier." Au-dessus d'Einstein, le mutant est assez intelligent pour se cacher. Il garde pour lui ses découvertes. Il vit d'une vie aussi discrète que possible en essayant simplement de maintenir le contact avec d'autres intelligences de son espèce.»

Pour lui, si les mutations sont régies par le seul hasard, il en existe sans doute quelques-unes de favorables. «Si elles sont régies par une force naturelle organisée, si elles correspondent à une volonté d'ascension du vivant, comme le croyait, par exemple, Sri Aurobindo Ghose, il doit y en avoir beaucoup plus encore. Nos successeurs seraient déjà ici.»

Ils n'étaient certes pas nombreux lorsque Pauwels a écrit son ouvrage, mais ils paraissent s'être multipliés depuis lors.

Pauwels poursuit sa rêverie : «On peut imaginer l'ultrahumain, échelon nouveau de la vie sur la planète, comme un être rationnel, et non plus seulement raisonnant, un être doué d'une intelligence objective permanente ne prenant de décision qu'après avoir examiné lucidement, complètement la masse d'informations en sa possession. Un être dont le système nerveux serait une forteresse capable de résister à tout assaut des impulsions négatives. Un être au cerveau froid et rapide, équipé d'une mémoire totale, infaillible. Si le mutant existe, il est probablement cet être qui physiquement ressemble à un humain, mais en diffère radicalement par le simple fait qu'il contrôle son intelligence et use de celle-ci sans un instant de relâche. »

Pour sa part, dans l'ouvrage collectif *La Mutation du futur*, Michel Random estime que chacun de nous peut aider cette mutation : « En répartissant équitablement entre les hommes les connaissances dont l'humanité dispose déjà, et en les encourageant aux échanges de manière à produire des combinaisons nouvelles, on augmentera le potentiel intellectuel de la société humaine aussi rapidement et aussi sûrement qu'en multipliant le nombre des génies. Cette vision doit être maintenue parallèlement à la vision plus fantastique du mutant. »

Le biologiste Morand écrivait, il y a déjà longtemps, à son ami Henri Laborit : « L'homme devenu parfaitement logique, abandonnant toute passion comme toute illusion, sera devenu une cellule dans le continuum vital que constitue une société arrivée au plus haut terme de son évolution : nous n'en sommes pas encore là de toute évidence, mais je ne pense pas qu'il puisse y avoir évolution sans cela. Alors, et alors seulement, émergera cette "conscience universelle" de l'être collectif, vers laquelle nous tendons. » Cependant, Duclaux, Breton, Morand ou Pauwels étaient à mille lieues d'imaginer que cette mutation serait aussi rapide au cœur d'une prochaine génération. Serions-nous près de parvenir à ce terme ?

À huit ans, Flavio était déjà en contact avec cette conscience universelle : « Avant ma venue sur Terre, je séjournais dans cette source de lumière, afin de pouvoir pénétrer dans le plan physique. Il n'y a pas que moi qui vient du Soleil. Tous les enfants qui naissent maintenant et aussi tous les adultes qui suivent un processus de transformation ont une connexion ouverte avec la lumière. »

À dix-sept ans, Ian tient le même genre de discours : « Depuis que je me suis incarné sur cette Terre, je sais que j'ai une mission à accomplir. Je dois aider les humains à changer de plan de conscience et à être prêts pour les grands changements qui se préparent. »

Rébecca, qui a maintenant sept ans, sait, elle aussi, qu'elle a une mission à accomplir. « Je sais que j'ai quelque chose à faire ici. J'ai su quoi, mais je l'ai oublié. Je retrouverai quand le temps viendra. »

De toute manière, elle est déjà avertie qu'elle doit aider l'humanité à évoluer. « On a besoin d'enfants comme moi pour arrêter le mal qu'on fait sur la Terre », déclare-t-elle simplement.

Et Alma, vingt-trois ans, abonde dans ce sens : « Je sais bien que je ne suis pas capable de changer le monde toute seule, mais nous sommes nombreux à le souhaiter et je crois que si nous y travaillons tous ensemble, nous y arriverons. Le tout est d'en être persuadé. Comme le disait Jonathan Livingston le goéland : "Pour voler aussi vite que la pensée vers tout lieu existant, il faut commencer par être convaincu qu'on est déjà arrivé à destination." Richard Bach sait tout cela, et nous-mêmes savons que nous parviendrons à aider les gens à penser différemment, même si cela prend du temps. »

LES CALENDRIERS MAYAS ET L'APOCALYPSE

« Celui qui ne connaît l'homme que sous la forme qu'il nous présente en naissant n'en a pas la moindre idée. »

DIDEROT

Nombreux sont ceux qui sont conscients de l'importance des temps que nous allons vivre mais, se référant à l'Apocalypse, certains profitent de l'incertitude qui entoure notre époque pour inquiéter les autres et prédire des catastrophes, voire la fin du monde.

Or, si nous risquons d'assister, très bientôt, à la fin « d'un » monde, la Terre ne s'arrêtera pas de tourner pour autant et nous devons garder en mémoire que le mot « Apocalypse » signifie « Révélation ». Rien de plus, mais c'est déjà un formidable programme que d'aucuns situent très précisément au solstice d'hiver de l'année 2012, en se basant sur les calendriers mayas qui font actuellement l'objet d'un grand intérêt auprès de milliers de personnes, car ils se focalisent sur la fameuse date du 21 décembre 2012.

Carlos Barrios est historien, anthropologue, et a étudié les fameux calendriers pendant vingt-cinq ans auprès des Anciens de la tribu Mam. Il a publié en espagnol *Kam Wuj* (le Livre du Destin), qui fait le point sur l'enseignement maya. Il est à présent devenu un « Ajq'ij Maya », c'est-à-dire un prêtre habilité à officier au cours des cérémonies et un Guide Spirituel du Clan de l'Aigle.

Aidé par son frère Gerardo, Carlos Barrios, a interrogé plus de six cents Mayas. « Les anthropologues visitent les sites des temples, ils lisent les stèles et les inscriptions et inventent des histoires à propos des Mayas, mais ils ne savent pas lire les signes correctement. Certains annoncent la fin du monde pour décembre 2012. C'est simplement leur imagination. Les Mayas ne sont pas contents de cette interprétation. Le monde ne va pas se terminer. Il sera transformé. Les Indiens ont des calendriers et savent comment les interpréter de façon précise, mais pas les Occidentaux. »

Les Mayas – qui connaissaient Uranus et Neptune bien avant l'existence des télescopes – ont eu soixante-dix-sept calendriers différents, mais, depuis 1987, le *Tzolkin* a tout particulièrement attiré l'attention des spécialistes. Basé sur le cycle des Pléiades, il est considéré comme sacré et détermine d'importants tournants de l'histoire de l'humanité.

La compréhension maya du temps et des cycles des saisons est très complexe et les prévisions des calendriers, basées sur une unité de temps qui correspond à un millième d'une journée de vingt-quatre heures, sont si précises qu'elles ont permis de prévoir un vol de papillons, le dimanche de Pâques du 21 avril 1519. Or, ce jour-là, venant du vieux continent et ressemblant à des vols de papillons rasant la surface de l'océan, Hernan Cortès et sa flotte de onze galions espagnols débarquèrent au Mexique près du site actuel de Vera Cruz. Ces « papillons » n'apportèrent hélas ni la paix ni l'harmonie. Les Mayas ont appelé cette ère « les Neuf Enfers », chacun comprenant cinquante-deux années qui se sont déroulées exactement comme les Anciens l'avaient annoncé : confiscations des terres des Indiens, privations des libertés, installation des maladies, de la pauvreté et de la haine parmi les populations.

Carlos Barrios est né dans l'Altiplano sur les hauteurs du Guatemala, au sein d'une famille espagnole, près du lieu de résidence de la tribu maya Mam considérée chez les Mayas comme les Gardiens du Temps, au niveau des anciens calendriers.

« L'humanité va continuer, annonce-t-il, mais d'une autre manière. Les structures matérielles changeront. À partir de là, nous aurons l'opportunité d'être plus humains. »

Selon Carlos Barrios, depuis 1987, nous sommes dans une période où le monde matérialiste est en train de disparaître, lentement mais inexorablement, entraîné par la destruction de l'environnement, le chaos social, des guerres et des changements climatiques. Tout cela a été prévu de longue date par les anciens Mayas. Il affirme que les Gardiens du Temps mayas considèrent le 21 décembre 2012 comme la date de la renaissance, le début du Monde du Cinquième Soleil, le départ d'une nouvelle Ère.

« Si l'humanité parvient à atteindre 2012 dans de bonnes conditions, sans avoir trop saccagé la planète, nous nous élèverons à un plus haut niveau. » À partir de sa compréhension de la tradition et des calendriers mayas, Carlos Barrios dresse le bilan de la situation actuelle de l'humanité : « Le temps n'est plus au jeu mais à l'action. Bien des âmes puissantes ont choisi de se réincarner au cours de cette période, et elles sont venues avec de grands pouvoirs. C'est vrai des deux côtés, de la Lumière comme de l'Ombre. La haute magie est à l'œuvre des deux côtés. Les choses vont changer, mais le degré de difficulté ou de facilité des choses à venir dépendra de nous tous et de chacun d'entre nous. »

À ses yeux, la puissance de l'économie libérale est un leurre. « Les premières cinq années de la période de transition (d'août 1987 à août 1992), ont marqué le début de la destruction du monde matériel. Les banques sont désormais fragiles. Elles passent par un moment délicat. Elles pourraient s'effondrer au cours des prochains mois sans que nous ne puissions rien y changer. Si les banques s'effondrent, nous serons forcés de nous centrer sur nous-mêmes et sur la Terre. » Il prédit que les pôles magnétiques Nord et Sud vont s'inverser, que le niveau de l'eau dans les océans va monter. « Mais au même moment, des terres jailliront de l'océan, en particulier près de Cuba. »

Les prédictions de Barrios à travers le calendrier *Tzolkin* rejoignent, entre autres, celles d'Edgar Cayce sur ce genre de précisions géographiques. Il ajoute :

« Nous vivons dans un monde de polarité : jour et nuit, homme et femme, positif et négatif. La Lumière et l'Ombre ont besoin chacune de l'autre ; elles sont en équilibre. Seulement, actuellement le côté Ombre est très fort et très déterminé quant à ses objectifs. Ses priorités sont clairement établies et sa hiérarchie parfaitement structurée. La hiérarchie de l'Ombre travaille afin que nous soyons incapables de nous connecter avec la spirale du Cinquième Monde en 2012. »

Flavio Cabobianco ne peut qu'approuver ces propos qui ressemblent aux siens : « Il y a des mondes où se joignent deux pôles. L'un passe toute son énergie à l'autre, un des pôles a le petit et l'autre meurt. Dès que le petit peut prendre de l'énergie seul, ce pôle meurt aussi, c'est-à-dire change de niveau, mais dans des niveaux supérieurs, c'est encore plus facile : il n'y a pas de sexe, il n'y a pas de pôles, on ne naît pas et on ne meurt pas. »

Selon Carlos Barrios, le côté Ombre travaillerait pour empêcher l'éveil des consciences, renforcer le matérialisme et détruire ceux qui travaillent avec la Lumière en vue de faire évoluer la Terre vers un niveau plus élevé. Ses représentants refuseraient le changement, l'union de tous les êtres vivants. Craignant le prochain niveau de conscience, ils voudraient rester au niveau actuel.

Carlos Barrios explique que l'avènement de l'Ère du Cinquième Soleil nécessite un élément très spécial. Alors que les quatre éléments traditionnels, terre, air, eau et feu ont dominé les époques du passé, il y a désormais un cinquième élément à prendre en compte, qui marquera l'avènement de l'Ère du Cinquième Soleil : c'est l'éther.

« Le dictionnaire définit l'éther comme un élément raréfié de l'atmosphère. L'éther est en réalité le plus actif dans notre univers. Il pénètre tout espace et transmet des ondes d'énergie sur une vaste gamme de fréquences, depuis les téléphones mobiles jusqu'aux auras humaines. Ce qui est « éthéré » touche des régions bien au-delà de la Terre. L'éther, l'élément du Cinquième Soleil, est céleste et manque de substance matérielle, mais il est aussi réel que le bois, la pierre ou la chair. »

Selon Carlos Barrios, il peut y avoir une fusion des polarités sur le plan de l'éther. « Ce n'est plus l'Ombre ou la Lumière, mais une fusion structurée entre les deux. Actuellement, le Royaume de l'Ombre refuse cette fusion. Ils se sont organisés pour la bloquer. Ils cherchent à déséquilibrer la Terre et son environnement de façon à ce que nous ne soyons pas prêts pour l'alignement de 2012. Nous avons besoin de travailler ensemble pour la paix, et l'équilibre avec l'autre côté. Nous avons besoin de prendre soin de la Terre qui nous nourrit et nous abrite. Nous avons besoin de nous concentrer entièrement, corps, âme et esprit, à la quête de l'unité et à la fusion. »

Au cours d'une conférence donnée à Santa Fé, Carlos Barrios a insisté sur le caractère critique des années que nous allons traverser. Il a déclaré : « Nous sommes perturbés parce que nous réalisons que nous ne pouvons plus continuer à tricher. Notre planète sera soit renouvelée, soit ravagée. C'est à chacun d'entre nous maintenant de s'éveiller et d'agir. Chacun a sa raison d'être ici-bas. Aucun d'entre nous n'est ici sans raison. Chaque être qui se trouve ici maintenant a une mission importante. C'est un moment difficile mais exceptionnel. Nous avons tous l'opportunité d'évoluer, mais nous devons être prêts à assumer ce moment de l'histoire.»

D'après Carlos Barrios, si nous nous sommes incarnés dans cette période, c'est que nous avons un travail spirituel à accomplir pour rééquilibrer la planète. Il est ainsi normal que les enfants, *indigo* ou pas, participent à cette évolution.

Ses dernières paroles avant de quitter Santa Fé ont été: «La plus grande sagesse est la simplicité. L'amour, le respect, la tolérance, le partage, la gratitude, le pardon, tout cela n'est ni difficile ni complexe. La véritable connaissance est gratuite. Elle est encodée dans votre ADN. Tout ce dont vous avez besoin est à l'intérieur de vous. De grands Enseignants l'ont dit depuis le commencement des temps: Trouvez votre cœur, et vous trouverez votre chemin.»

Les *Indigo* semblent bien connaître ce chemin. Eux aussi refusent de continuer à «tricher». Ils possèdent des dons inhabituels, comme si la Terre les avait préparés au changement, à la fois acteurs de ce changement et spectateurs de la comédie qui se déroule à chaque instant sous leurs yeux.

Le 11 septembre 2001, Rébecca, qui avait alors cinq ans, regardait à la télévision le *Journal* qui annonçait qu'un avion venait de détruire une tour au World Trade Center. Alors que sa mère lui expliquait qu'il s'agissait d'un accident, elle rétorqua: «Ce n'est pas un accident. Ce sont des pensées qui sont émises qui reviennent.»

Ils sont ainsi des millions, reliés entre eux par une même nécessité de vivre autrement, des millions conscients de voir autre chose que ce que les autres ont appris à voir. On se moque d'eux lorsqu'ils prétendent venir du soleil, mais tout vient du soleil: les êtres vivants, les arbres, la planète entière, celle-ci n'étant qu'un morceau de soleil qui a refroidi. Et si la vie animale est née sur la Terre et que la Terre est née du Soleil, alors la vie animale existait déjà sous une forme ou une autre lorsque le Soleil est né. Et avant encore. Jusqu'à la naissance de l'Univers.

C'est pour accéder à l'une de ces autres dimensions que les enfants *indigo* semblent vouloir rétablir les liens qui devraient unir la pensée consciente, qui permet de se situer dans son corps, et la perception inconsciente, qui permet de se situer dans l'Univers. Et cela sans attendre le changement qui risque de bouleverser le monde que nous connaissons, qu'il s'agisse d'un changement dû à une guerre nucléaire ou à des phénomènes que les hommes ne peuvent contrôler.

ÉCOUTONS CES ENFANTS

« Seuls ceux qui voient l'invisible
sont capables de faire l'impossible. »

Pr Lown
(prix Nobel de physique en 1987)

Ainsi, il est temps de prendre conscience du rôle que nous jouons dans l'évolution de l'humanité et de la planète, et de retrouver les vertus de la Sagesse plutôt que les pouvoirs du sorcier. « Il faut que l'humanité retrouve le rythme du cosmos », disait D. H. Lawrence.

Nous entrons dans une nouvelle ère où l'homme, qui détient un savoir nouveau, doit choisir entre son évolution et sa destruction. Espérons que son choix lui permettra de retrouver la finalité de sa vie et sa propre âme afin qu'il devienne, comme le préconisait Nietzsche, « le point départ de quelque chose d'autre que l'homme », et non un robot comme essaie de le programmer une certaine science réductionniste et inconsciente.

Les enfants *indigo* affirment tous, sans exception, qu'ils sont au service de l'univers dans lequel ils évoluent et que Tout est solidaire de Tout. Ils sont ainsi particulièrement désignés pour nous aider à préserver la terre et ses habitants. Nous n'avons pas de planète de rechange et devons sauver celle sur laquelle nous vivons. Pour cela, il faut cesser de confier les problèmes qui nous concernent aux « experts », car nous connaissons à présent leur fréquente incompétence et le terrible usage qu'ils peuvent faire des droits que nous leur avons concédés avec légèreté.

Il est vrai que la violence infantile augmente partout de manière dramatique. La télévision et les jeux vidéos, aidés par le laxisme des parents, sont considérés comme la cause principale de cette violence. Il est vrai qu'ils idéalisent la violence, et leurs héros tuent des dizaines d'« ennemis » par séance ; le meurtre est à l'honneur. Cela peut influencer les comportements des enfants, mais une analyse approfondie permet de constater que les causes sont multiples.

Dès leur plus jeune âge, on demande aux enfants des performances qu'ils ne sont pas tous capables d'accomplir ou qui ne les intéressent pas. Nous avons vu que les *Indigo* n'ont aucunement l'esprit de compétition, l'envie de surpasser les autres, de gagner dans tous les domaines.

Étant donné qu'ils possèdent une autre vision du monde, médecins et professeurs déclarent qu'ils présentent des troubles du comportement ou d'apprentissage et, comme dans tout ce qui concerne notre santé, physique ou psychique, la chimie est la réponse à tous les problèmes.

Souvent, sous la pression exercée par l'école qui menace d'expulser l'enfant, les parents désemparés sont amenés à prendre des mesures médicales, car les drogues psychiatriques sont de plus en plus considérées comme une panacée, l'antidote de tous les problèmes de la vie elle-même. En somme, nous anesthésions une société en mal de vivre dont nos enfants sont le symptôme essentiel.

Cependant, lorsqu'on décide de considérer ces enfants avec un œil éclairé, il est dangereux de les priver de drogues du jour au lendemain car le sevrage peut se révéler particulièrement difficile et conduire à une dépression qui risque de provoquer des idées suicidaires. On a souvent constaté des cas de suicide chez les enfants ainsi que des pulsions de violence extrême à la suite d'une suppression subite de drogues psychotropes.

Dans son ouvrage *Right-Brained Children in a Left-Brained World*, Jeffrey Freed estime que les troubles de l'attention ne mènent pas à la délinquance, mais il pense que cette mauvaise classification et la honte qui lui est associée sont des facteurs qui mènent à la délinquance. Pour lui, la plupart de ces enfants marginaux rebelles auraient pu mener une vie heureuse et constructive si l'on n'avait pas considéré leur comportement comme un « crime ».

Chacun doit se poser la question : avons-nous donné le jour à une race d'enfants déficients en les ayant exposés à la robotisation de l'être humain et à l'inconscience du sens véritable de la vie, ou, au contraire, sommes-nous confrontés à un phénomène de conscience où les futurs bâtisseurs d'une nouvelle société nous obligent à réviser entièrement toutes nos valeurs et notre système de pensée ?

Notre culture est imprégnée d'une éducation essentiellement individualiste qui fait abstraction de tout principe d'ordre supérieur. Au risque de détruire une hégémonie scientifique établie, nous devons ouvrir notre esprit à la quête de la nature ultime de la réalité et obliger notre pensée à faire un travail personnel pour parvenir à la Vérité que nous cache notre « raison » raisonnante et, surtout, notre anthropomorphisme.

L'intelligence humaine a atteint certaines limites qu'elle ne peut dépasser sans faire appel à des notions perdues, considérées comme magiques ou mystiques. Il est possible que ces nouveaux enfants, précurseurs d'une nouvelle science et d'une nouvelle vision du monde, participent, sans vraiment en mesurer l'ampleur, à un mouvement qui sera peut-être considéré dans l'avenir comme l'un des plus importants de l'histoire de l'humanité. Cette prise de conscience risque de changer le comportement de plusieurs milliards d'individus. Et peut-être suivrons-nous alors le conseil de Pierre Teilhard de Chardin: *« Nous commençons à comprendre, et c'est pour toujours, que la seule religion acceptable pour l'homme est celle qui lui apprendra d'abord à reconnaître, aimer et servir passionnément l'univers dont il est l'élément le plus important. »*

Cette arrivée massive d'enfants différents et conscients devrait donc accélérer le processus d'éveil de l'humanité, mais pour cela, nous devons faire en sorte de mieux les comprendre et, souvent, de les considérer comme des guides et non comme des élèves.

Ce changement dépend de chacun d'entre nous et de notre attitude face aux pouvoirs en place. Nous devons crier haut et fort notre détermination et notre décision de cesser d'obéir en aveugles aux pressions médiatiques et publicitaires.

Il est certain que les *Indigo* connaissent des plans de conscience auxquels peu d'entre nous ont accès et, en leur administrant des drogues pour essayer de les faire ressembler à des moutons dociles, nous supprimerons leurs liens avec ces plans subtils.

À six ans, Flavio enseignait: «Le Soleil donne de l'énergie à la Terre. Le Soleil est une boule d'énergie. La Terre est une école pour les humains. La Terre est très physique. Le Soleil est physique et spirituel.»

Malheureusement, l'effondrement de toutes nos «valeurs» actuelles est nécessaire pour que s'établissent les prises de conscience individuelles et que notre système d'obéissance aveugle soit remplacé par un système de conscience libre et éclairée.

L'homme s'apparente à la Divinité par sa pensée. Toute pensée est action par elle-même et, seule, la matière s'interpose entre la pensée et sa réalisation. Si l'on arrive à supprimer l'obstacle de la matière, la pensée positive devient effective. Vouloir enfermer l'inconnaissable dans le connu aboutit à une impasse. Il faut donc que nous sortions des limites de notre univers humain pour comprendre l'Univers cosmique.

Comme le disait si bien George Bernard Shaw : « La liberté signifie la responsabilité. C'est pour cette raison que la plupart des gens la craignent. » Ne serait-il pas temps de penser et d'agir enfin en toute liberté, sans contrainte extérieure, sans idées dogmatiques ?

Dans *Jonathan Livingston le Goéland*, Richard Bach conseillait : « Votre corps n'existe que dans votre pensée qui lui donne une forme palpable. Brisez les chaînes de vos pensées, et vous briserez aussi les chaînes qui retiennent votre corps prisonnier. »

Les *Indigo* savent, la plupart du temps, se libérer de ces chaînes, aussi, au lieu de les considérer comme des anormaux, imitons-les et brisons nos chaînes pour apprendre enfin la liberté.

BIBLIOGRAPHIE

ANDRIEU Irène, *Histoire des enfants de l'an 2000*, Éditions du Rocher, 1996.

BOHM David, *La Conscience de l'Univers*, Éditions du Rocher, 1987.

BOUGUERRA Mohamed Larbi, *Les Poisons du tiers-monde*, La Découverte, 1985.

BRADDEN Gregg, *L'Éveil au point zéro*, Ariane, 2000.

BREGGIN Dr Peter R., *Talking back to Ritalin*, Common courage Press, 1998.

CAPRA Fritjof, *Le Temps du changement*, Éditions du Rocher, 1983.

CAROLL Lee et TOBER Jan, *Les Enfants indigo*, Ariane, 1999, *Célébration des enfants indigo*, Ariane, 2002.

CHARRON J.-E., *L'Esprit cet inconnu*, Albin Michel, 1977.

CONTE R., BERLIOCCHI H., LASNE Y., VERNOT G., *Théorie des hautes dilutions et aspects expérimentaux,* Polytechnica, 1996.

COLBORN Theo, *Our stolen future*, Little, Bronx and C°, 1996.

DESBROSSES Philippe, *Nous redeviendrons paysans*, Éditions du Rocher, 1993.

DUPUY J.-P. et KARSENTY S., *L'Invasion pharmaceutique,* Le Seuil, 1974.

COSTA DE BEAUREGARD Olivier, *Le Temps déployé*, Éditions du Rocher, 1988.

DAVIS Paul et GRIBBIN John, *The Matter Myth*, Viking, Penguin, 1991.

DUMAS André, *La Science de l'âme*, Dervy, 1980.

DUTHEIL Régis et DUTHEIL Brigitte, *L'Homme superlumineux*, Sand, 1990, *La Médecine superlumineuse*, Sand, 1992.

ELMIGER Jean Dr, *La Médecine retrouvée*, Maloine, 1985.

FIRSOFF W.A., *Life, Mind and Galaxies*, Édimbourg, 1967.

GIRARD Jean-Pierre, *Psychic ou le pouvoir de l'esprit sur la matière*, Filipacchi, 1996.

HAWKING Stephen, *Une brève histoire du temps*, Flammarion, 1989.

HEHENKAMP Carolina, *Le Mystère des enfants indigo*, Exergue, 2003.

HEISENBERG Werner, *La Nature de la Physique moderne,* Gallimard, 1962.

HUXLEY Aldous, *Les Portes de la perception,* Éditions du Rocher, 1954.

ILLICH Ivan, *La Némésis médicale,* Le Seuil, 1975.

JAMES William, *Some Problems of Philosophy,* Longman Green and C°-N.Y., 1911.

JAURÈS Jean, *De la réalité au monde sensible,* 1851.

JEANS James, *Physics and Philosophy*, University Press Cambridge, 1943.

JUNG Carl Gustav, *Essai d'exploration de l'inconscient,* Robert Laffont, 1964, *Ma vie,* Gallimard, 1966.

KOECHLIN DE BIZEMONT Dorothée, *Les Prophéties d'Edgar Cayce*, Éditions du Rocher, 1998.

LÉVY Joseph Dr, *La Révolution silencieuse de la médecine*, Éditions du Rocher, 1988.

LONDECHAMP Guy Dr, *L'Homme vibratoire,* Amrita, 1993.

MORIN Edgar, *Science avec conscience*, Le Seuil, 1990.
KAKU Michio, *Hyperspace*, Oxford University Press, 1994.
KAMMERER Paul, *Traité de sérialité,* 1919.
KOESTLER Arthur, *Les Racines du hasard,* Calman-Lévy, 1972.
MELCHIZEDEK Drunvalo, *L'Ancien Secret de la fleur de vie*, Ariane, 2001.
MONOD Jacques, *Le Hasard et la nécessité*, Le Seuil, 1970.
NICOLESCU Basarab, *Nous, la particule et le monde,* Le Mail, 1985.
OPPENHEIMER Robert, *The Constitution of matter,* Princeton University Press, 1954.
OSORIO Georges, *La Conscience après la mort,* Aquarius, 1993.
PLAYFAIR Guy, *Le Pouvoir de l'invisible*, Calmann-Lévy, 1976.
PRIBRAM Karl, *Langage of the Brain*, Englewood Cliffs New Jersey, 1971.
PRIESTLEY J.-B., *Man and Time,* Doubleday, New York, 1964.
RANDOM Michel (présenté par), *La Mutation du futur*, Albin Michel, 1996.
RICHET Charles, *Traité de métapsychique,* Artha production, 1994, *La Grande Espérance*, Montaigne, *Notre sixième sens,* Artha, Chiron, 1995.
ROBINSON Elizabeth, *Secrets, Truth & Destiny*, Perth Key Publishing, 1998.
SHELDRAKE Rupert, *La Mémoire de l'Univers,* Éditions du Rocher, 1988, *L'Âme de la nature,* Éditions du Rocher, 1992.
TALBOT Michael, *L'Univers est un hologramme*, Presses-Pocket, 1994.
TEILHARD DE CHARDIN P., *Hymne de l'Univers*, Le Seuil, 1961.
TRINH XUAN THUAN, *La Mélodie secrète*, Fayard, 1991.

VIRTUE Doreen, *Aimer et prendre soin des enfants indigo,* Ariane, 2002.

VOLLAND H. – *Électrodynamique Atmosphérique*, Springer-Verlag New York, 1984.

WATSON Lyall, *Supernature*, Albin Michel, 1988, *The Nature of Things*, Hodder and Stoughton, Londres, 1990.

WILLEM Jean-Pierre, *Le Secret des peuples sans cancer*, Le Dauphin, 1994.

WILSON Colin, *Alien Dawn An Investigation into the Contact Experience*, London, Virgin Publishing, 1998.

TABLE

Cet ouvrage a été achevé d'imprimer sur Roto-Page par l'Imprimerie Floch à Mayenne en mai 2004. Éditions du Rocher 28, rue Comte-Félix-Gastaldi Monaco. Dépôt légal : mai 2004. N° d'édition : CNE section commerce et industrie Monaco : 19023. N° d'impression : 60045.

Imprimé en France